L'IMMENSE
TRÉSOR

DES
MARCHANDS DE VINS

En gros et en détail

OUVRAGE CONTENANT LES PROCÉDÉS EXPÉRIMENTÉS POUR VIEILLIR OU RAJEUNIR LES VINS
EN PRÉVENIR OU EN CORRIGER LES ALTÉRATIONS,
RECONNAÎTRE LEUR FORCE SPIRITUEUSE, LEUR FALSIFICATION,
ÉTABLIR DE BONNES CUVÉES POUR LE COMPTOIR ET POUR LA BOUTEILLE,
DISPOSER DES VINS
SOIT DE BOURGOGNE, DE MÂCON, DE BORDEAUX ET AUTRES,
POUR LE COMMERCE EN GROS; DE FABRIQUER LES VINS MOUSSEUX, LES VINS DE LIQUEUR,
LES VINS FACTICES, ETC.

PAR

L.-F. DUBIEF

Ancien marchand de vins, distillateur-chimiste, auteur de plusieurs ouvrages
sur les vins naturels et les vins factices,
réimprimés en France et traduits à l'Étranger, et de plusieurs vins
factices admis à l'Exposition nationale, après l'analyse qui en a été faite par les
plus célèbres chimistes de Paris

PRIX : 2 FR. 50 CENT.

PARIS
CHEZ LACROIX ET BAUDRY, LIBRAIRES
15, QUAI MALAQUAIS, 15
ET CHEZ L'AUTEUR, 23, RUE DE NEMOURS

1860

L'IMMENSE

TRÉSOR DES MARCHANDS DE VINS

En gros et en détail

L'IMMENSE

TRÉSOR

DES

MARCHANDS DE VINS

En gros et en détail

OUVRAGE CONTENANT LES PROCÉDÉS EXPÉRIMENTÉS POUR VIEILLIR OU RAJEUNIR LES VINS
EN PRÉVENIR OU EN CORRIGER LES ALTÉRATIONS,
RECONNAITRE LEUR FORCE SPIRITUEUSE, LEUR FALSIFICATION,
ÉTABLIR DE BONNES CUVÉES POUR LE COMPTOIR ET POUR LA BOUTEILLE,
DISPOSER DES VINS
SOIT DE BOURGOGNE, DE MACON, DE BORDEAUX ET AUTRES
POUR LE COMMERCE EN GROS; DE FABRIQUER LES VINS MOUSSEUX, LES VINS DE LIQUEUR,
LES VINS FACTICES, ETC.

PAR

L.-F. DUBIEF

Ancien marchand de vins, distillateur-chimiste, auteur de plusieurs ouvrages
sur les vins naturels et les vins factices,
réimprimés en France et traduits à l'Étranger, et de plusieurs vins
factices admis à l'Exposition nationale, après l'analyse qui en a été faite par les
plus célèbres chimistes de Paris

PRIX : 2 FR. 50 CENT.

PARIS

CHEZ LACROIX ET BAUDRY, LIBRAIRES

15, QUAI MALAQUAIS, 15
ET CHEZ L'AUTEUR, 23, RUE DE NEMOURS

1860

MANUEL
THÉORIQUE ET PRATIQUE

DU

Fabricant de Cidre et de Poiré

avec

LES MOYENS D'IMITER, AVEC LE SUC DES POMMES ET DES POIRES,
LE VIN DE RAISIN,

L'EAU-DE-VIE ET LE VINAIGRE DE VIN,

SUIVI

De l'Art de faire les vins de fruits et les vins de liqueur artificiels,
de composer des aromes ou bouquets des vins,
et de faire, avec les vins de tous les vignobles, soit les vins de la basse
Bourgogne, du Cher, de la Touraine, de Saint-Gilles, du Roussillon,
de Bordeaux et autres;

2me ÉDITION, AVEC PLANCHES EN TAILLE-DOUCE

TRAITÉ
THÉORIQUE ET PRATIQUE

DE

VINIFICATION

Ou Art de faire du vin avec toutes les substances fermentescibles, en tous temps et sous tous les climats

Contenant les moyens de remédier à l'intempérie des saisons relativement à la maturité du raisin; le tableau des phénomènes de la fermentation, et le meilleur mode de la produire et de la diriger; les procédés des vins de Champagne et des vins factices; les soins qu'exigent leur gouvernement et leur conservation; les principes pour la dégustation et l'analyse des boissons vineuses; accompagné de plusieurs figures représentant quelques instruments de l'invention de l'auteur, propres à faciliter la fermentation et déterminer en quelques minutes la quantité alcoolique de chaque espèce de vins.

TRAITÉ

DE LA

FABRICATION DES LIQUEURS

Sans distillation

SANS FOURNEAUX ET SANS FEU

SUIVI

**Des moyens de disposer les eaux-de-vie avec l'esprit de vin,
et ceux de betteraves, de fécule et autres**

DE BONIFIER ET VIEILLIR A L'INSTANT CELLE DU COMMERCE

Et de fabriquer, également sans distillation,

LE RHUM TEL QU'IL SE FABRIQUE A LA MARTINIQUE, LE KIRSCH ET
L'ABSINTHE SUISSE.

Paris. — Typographie de Morris et C°, rue Amelot.

DISCOURS PRÉLIMINAIRE

Nous étant occupé longtemps du commerce des vins, nous avons été à même de reconnaître combien il est difficile de le faire avec avantage si on ne possède pas les connaissances nécessaires pour les apprécier, reconnaître leurs qualités et leurs défauts, et, selon le besoin, les mélanger dans des proportions convenables afin de les améliorer.

Comme enfin de les vieillir ou de les rajeunir, d'en corriger les défauts, d'en prévenir ou corriger les altérations, de reconnaître leur force spiritueuse et leur falsification. Enfin, établir de bons soutirages ou cuvées pour le commerce, pour le comptoir comme pour la bouteille; empêcher leur dégénération dans les fûts en vidange, etc., etc.

C'est pour venir en aide au marchand qui ne possède pas ces connaissances que nous publions le résultat de notre expérience, voulant le mettre à même de fournir au public, toujours exigeant, des vins à bon marché et de très-bonne qualité. Afin de le guider en toutes choses, nous commençons ce traité par la connaissance des vins en général et leur dégustation ; les moyens de reconnaître leur force spiritueuse et leur falsification, par des moyens à la portée de tout un chacun.

Nous distinguons les vins qui peuvent se vendre en pure nature et ceux qui ne peuvent se livrer à la consommation que mélangés avec d'autres vins pour gagner en qualité, et nous dirons quels vins il faut employer à cet effet, et dans quelles proportions suivant les qualités désirées.

Nous passerons aux moyens de vieillir ou de rajeunir les vins, de les viner de manière à ce que le vinage ne puisse se faire remarquer.

Nous continuerons en donnant les meilleures méthodes pour faire d'excellent champagne et des vins de teintes, si utiles pour colorer les vins, dont la saveur et le parfum sont des plus agréables.

Nous ferons connaître encore les moyens de procurer une nouvelle fermentation à un ou plusieurs vins mélangés, afin d'en obtenir une combinaison plus parfaite et davantage de vinosité ; ceux d'augmenter la quantité du vin d'un tiers en le rendant meilleur et donnant de grands bénéfices ; ceux enfin de faire différents vins factices tout à fait irréprochables, pouvant bonifier certains vins ou en diminuer le prix d'achat sans en diminuer la qualité.

Au sujet des vins de liqueur, nous démontrerons la facilité d'en imiter les diverses sortes et qualités. Nous parlerons enfin de la conservation des vins, de leur soutirage, de leur collage et de leur mise en bouteille, toutes choses indispensables à la qualité des vins et aux intérêts du marchand.

Notre seul but, en publiant cet ouvrage, est d'être utile à une des classes des plus nombreuses et des plus intéressantes du commerce. Si nous avons omis quelque chose qui intéresse nos lecteurs, nous les engageons à consulter notre *Traité de Vinification*, 2ᵉ édition, ouvrage complet et aussi important pour les commerçants de vins en gros qu'aux vignerons eux-mêmes.

CHAPITRE PREMIER

—

De la connaissance des Vins

Le vin n'était autrefois en usage que comme médicament ; aujourd'hui il est devenu la boisson la plus ordinaire de l'homme, comme il en est la plus variée.

Les vins vieux sont en général toniques et très-sains ; ils conviennent aux estomacs débiles, aux vieillards, et dans tous les cas où il faut donner de la force ; ils nourrissent peu, parce qu'ils sont dépouillés de leurs principes vraiment nutritifs, et ne contiennent pas d'autres principes que de l'alcool.

Les vins épais sont les plus nutritifs : ceux qui sont aqueux et point sucrés sont peu nourrissants.

Les vins mousseux contiennent beaucoup d'acide carbonique, qui, à raison de son élasticité naturelle, soulève les molécules du vin, et tend sans cesse à s'échapper. Ces sortes de vins sont très-apéritifs, et sont plutôt des vins de fantaisie que des vins alimentaires et médicamenteux. Les vins nouveaux, comme les vins mousseux, ont la propriété de déterminer plus promptement l'ivresse, à cause de la quantité d'acide carbonique dont ils sont imprégnés.

Les vins diffèrent encore essentiellement par rapport à la couleur : le rouge est, en général, plus spiritueux, plus léger, plus digestif. Le blanc fournit moins d'alcool, il est plus diurétique et plus faible ; comme il a moins cuvé, il est presque toujours plus nutritif, plus gazeux que le rouge.

Les vins diffèrent enfin de qualités et de vertus, par rapport au climat, à la culture de la vigne et à la variété dans les procédés de vinification.

Les vins se distinguent par les qualités ; les noms qu'ils prennent à raison de leur état sont ceux de :

Vin sec, c'est-à-dire qu'il ne laisse rien d'humide dans la bouche.

Vin gras, qui mouille la bouche et l'empâte.

Vin droit, qui est franc, sans mélange.

Vin de mère-goutte, celui qui provient du moût, qui n'a pas été exprimé après sa fermentation.

Vin de pressurage, celui qui participe du moût de raisin fermenté et exprimé.

Vin de bouche, le vin de première qualité ou celui qui ne demande à d'autres vins aucun secours pour être agréable et vineux.

Vin fumeux, celui qui abonde en acide carbonique.

Vin puissant, celui qui est chaud sur l'estomac ou trop spiritueux pour être consommé dans son état naturel.

Vin de casse-poitrine ou casse-tête, celui qui est pesant sur l'estomac, dur ou âpre au goût, plus tartareux qu'alcoolique.

Vin guinguet ou plat, celui qui a peu de force.

Vin vert ou verdault, qui n'est pas encore dans sa boîte, c'est-à-dire bon à boire.

Vin de cerneaux, celui qui n'a pas encore un an.

Vin poussé, celui qui a fermenté et qui est passé à l'état d'ascessence.

Vin passé, celui qui a perdu sa qualité, qui est louche, dont les principes sont désunis.

Vin gras ou qui file, celui qui représente une gelée plus ou moins glutineuse, ou qui, en sortant de la tasse, ne s'en détache que difficilement.

Vin de lie, celui obtenu des lies laissées en repos ou obtenu par leur pression.

Gros vin, vin haut en couleur, chargé de beaucoup de tartre et de parties extractives, dont on se sert pour donner du ton et de l'intensité à des vins faibles en couleur ou au vin blanc lui-même.

Vin de fismes ou de teintes, vin ayant cinq à six couleurs, servant, comme les précédents, à donner de la couleur à d'autres vins.

On désigne encore la qualité des vins par l'âge ; ainsi, l'on dit vin d'une, deux, trois feuilles, etc., pour vin d'un, deux, trois ans, etc.

On les distingue enfin par les noms de *vin mousseux, vin fait* et *vin de liqueur* ou *sucré.* Ce que l'on nomme *vin doux* n'est pas du vin, c'est le moût ou suc de raisin nouvellement exprimé.

CHAPITRE II

—

Appréciation et dégustation des Vins

On apprécie la qualité des vins par le concours de quelques-uns de nos organes, tels que la vue, l'odorat et le goût, pour apprécier leur couleur, leur odeur et leur goût; par les instruments de physique et de chimie pour reconnaître leurs degrés de vinosités, et par l'analyse chimique pour savoir quels sont les principes qui les constituent.

§ 1. *Appréciation des Vins par nos organes.*

En réfléchissant à la sensibilité de nos organes, rien ne paraîtra plus aisé que la dégustation des vins; cependant, rien n'est plus difficile, disons même qu'elle ne donne que des présomptions auxquelles il ne convient pas toujours de s'arrêter. En effet, un consommateur peut choisir, parmi plusieurs espèces de vins vieux, celle qui convient le mieux à son goût; mais il ne saurait apprécier des vins nouveaux qu'il aurait l'intention de laisser vieillir dans sa cave. Les marchands eux-mêmes s'y

trompent, et ce n'est que dans les pays vignobles
que l'on rencontre des gourmets assez habiles pour
distinguer et apprécier ceux des différents crûs du
territoire dont ils sont depuis longtemps habitués à
comparer les produits ; ces mêmes gourmets ne
pourraient pas juger les vins d'un autre pays, car,
n'estimant que les qualités propres à ceux de leur
canton, ils sont souvent disposés à prendre pour
défauts celles qui font le mérite des autres vins.
C'est ainsi que les Bordelais trouvent les vins de
Bourgogne trop spiritueux ; que les Bourguignons
accusent les vins de Bordeaux d'être âpres et froids, et
que l'un et l'autre méprisent les vins du Rhin, à
cause de leur goût piquant, et ceux d'Espagne et
des autres pays méridionaux parce qu'ils sont
doux.

Ainsi, pour bien juger un vin qu'on ne connaît
pas, il faut, après s'être informé des qualités qui le
font estimer, oublier toutes celles que l'on aime à
rencontrer dans d'autres, et n'y chercher que le goût
et le caractère qu'il doit avoir. En conséquence,
nous pensons que les gourmets de chaque vignoble
sont seuls capables de bien choisir les vins de leur
canton, mais qu'il n'appartient qu'à l'homme habl-

tué à en goûter de toute espèce, sans prévention, de juger du mérite de ceux de tous pays.

Disons qu'en général, les extrêmes dans la couleur des vins ne peuvent jamais être des inductions en leur faveur; s'ils sont très-rouges, ils sont plus tartareux que vineux, proprement dits; s'ils sont paillés, ils ne contiennent pas assez d'extractif ni assez de principe alcoolique. Les vins, au contraire, d'une couleur rouge moyenne ont le préjugé en leur faveur.

La qualité des vins blancs peut se juger également par leur couleur : s'ils sont blancs et clairets, ils sont plus piquants et plus secs; s'ils sont gris et de couleur d'œil de perdrix, ils ont subi une fermentation plus complète et sont plus savoureux.

Les vins blancs clairets sont de petits vins qui ont peu de force, et qui ne peuvent se garder que très-peu de temps.

Les vins gris sont moins agréables à l'œil, mais ils sont plus faits que ceux qui précèdent; ils ont plus de degrés de légèreté, et ils conviennent mieux comme boisson alimentaire.

Les vins blancs couleur d'œil de perdrix sont les moins agréables à la vue; mais ils ont, d'ailleurs, des qualités estimables qui les placent dans la classe des excellents vins, et qui leur méritent la préférence sur toutes les autres espèces de vins blancs. Disons, en passant, que c'est par ces précieux côtés que l'on distingue les vins blancs de Meursault, près de la ville de Beaune.

Les bonnes qualités des vins de liqueur se reconnaissent par l'odeur, par la saveur et par leur pesanteur spécifique comparée à l'eau distillée.

En se reportant au goût général des consommateurs, les vins que l'on peut classer comme étant les plus accrédités sont ceux qui proviennent des crûs ci-après :

ARDÈCHE.

VINS ROUGES.

Cornas.
Saint-Joseph.

VINS BLANCS.

Saint-Péray.
Saint-Jean.

AUBE.

VINS ROUGES.

Les Riceys.
Balnot-sur-Laigne.
Avirey.
Bagneux-la-Fosse.

BAS-RHIN.

VINS BLANCS.

Molsheim.
Wolxheim.

BASSES-PYRÉNÉES.

VINS ROUGES.

Jurançon.
Gan.

VINS BLANCS.

Jurançon.
Gan.

COTE-D'OR.

VINS ROUGES.

La Romanée-Conti.
Chamberlin.
La Perrière.
Le Richebourg.
Musigny.
Clos-Vougeot.
La Romanée-Saint-Vivant.
La Tache.
Le clos Saint-Georges.
   — Premeau.
   — du Tart.
Les Porets.
La Matroie.
Les Bonnes-Mares.
Clos de la Roche.
   — de Bèze.
   — de Saint-Jacques.

VINS BLANCS.

Montrachet.
Chevalier Montrachet.
Bâtard Montrachet.
Les Perrières.
La Combotte.
La Goutte-d'Or.
Les Genévrières.
Les Charmes.
Le Sautenot.
Le Rougeot.
Meursault.

COTE-D'OR

VINS ROUGES.

Clos de Mazy.
— de Veroilles.
— de Marjot.
— de Saint-Jean.
Vols.
Nuits.
Chambolle.
Volnay.
Pomard.
Beaune.
Morey.
Savigny.
Meursault.
Gevrey.
Chassagne.
Aloxe.
Blagny.
Santenay.
Chenôve.

DORDOGNE.

VINS ROUGES.

La Terrasse.
Péchermont.
Les Farcies.
Campréal.
Sainte-Foix-des-Vignes.

VINS BLANCS.

Montbassillac.
Saint-Nessans.
Sancé.

DROME

VINS ROUGES.	VINS BLANCS.
Côte de l'Ermitage.	Côte de l'Ermitage.
Croses.	Merceurol.
Merceurol.	Die.
Gervant.	Vin de paille de l'Ermitage.

GIRONDE.

VINS ROUGES.	VINS BLANCS.
Clos de Laffitte.	Saint-Bris.
— Latour.	Carbonnieus.
— Château-Margaux.	Pontac.
— Haut-Brion.	Sauterne.
— Rozan.	Barsac.
— Gorse.	Preignac.
— Léonville.	Beaumes.
— Larose.	Langon.
— Brasse-Mouton.	Cérons.
— Pichon-Longueville.	Pujols.
— Calon.	Hats.
Les premiers crûs de :	Landiras.
Pouillac.	Virlade.
Pessac.	Sainte-Croix-du-Mont.
Saint-Estèphe.	Loupiac.
Saint-Julien.	
Castelnau de Médoc.	
Cantenac.	
Talence.	
Côtes de Canon.	

HÉRAULT.

VINS ROUGES.

Chuselan.
Tavel.
Saint-Geniès.
Lirac.
Ledenon.
Saint-Laurent-des-Arbres.
Cante-Perdrix.

VINS DE LIQUEUR.

Frontignan.
Lunel.
Marseillan.
Pommerols.
Maraussan.

HAUT-RHIN.

VINS BLANCS.

Guebviller.
Turkeim.
Riquewir.
Rebeauvillé.
Rufat.
Pfasseinheim.
Enguisheim.
Inguisheim.
Thann.
Bergoselle.
Katzenthal.
Kaiserberg.
Sigolzheim.
Mittelweyer.
Hunneweyer.
Amerchwir.
Hientzheim.
Babetheim.

Vins de liqueur dits de paille.

JURA.

VINS BLANCS.

Arbois.
Château-Châlon.
Pupillin.
L'Étoile.
Quintigil.

LANDES.

VINS ROUGES.

Cap Breton.
Soustons.
Messange.
Vieux-Boucaud.

LOIRE.

VIN BLANC.

Château-Grillet.

LOT-ET-GARONNE.

VINS BLANCS.

Clairac.
Buzet.

MARNE.

VINS ROUGES.	VINS BLANCS.
Verzy.	Le Closet.
Verzenay.	Sillery.

MARNE.

VINS ROUGES.	VINS BLANCS.
Verzy.	Le Closet.
Verzenay.	Sillery.
Mailly.	Aï.
Saint-Basle.	Mareuil.
Bouzy.	Hautvillier.
Clos Saint-Thierry.	Pierry.
	Dissy.
	Cramant.
	Avisse.
	Oger.
	Le Mesnil.
	Épernay.
	Taizy.
	Ludes.
	Chigny.
	Villers-Alleraud.
	Cumières.

PYRÉNÉES-ORIENTALES.

VINS ROUGES.	VIN DE LIQUEUR.
Basgnols.	Rivesaltes.
Cosperon.	
Collioure.	
Torsenilla.	
Terrats.	

RHONE.

VINS ROUGES.	VINS BLANC.
Côte-Rôtie.	Condrieux.
Vérinay.	

SAONE-ET-LOIRE.

VINS ROUGES.	VINS BLANCS.
Moulin-à-Vent.	Pouilly.
Thorins.	Fuissey.
Chenas.	Solutré.
Fleury.	Chaintré.
Romanèche.	
La Chapelle-Guinchet.	
Mercurey.	
Givry.	

VAUCLUSE.

VINS ROUGES.

Coteau-Brûlé.
Clos de la Berthe.
— de Saint-Patrice.

YONNE.

VINS ROUGES.	VINS BLANCS.
Côtes des Olivettes.	Vaumorillon.
— de Pytois.	Les Grisées.
— de Perrière.	Le Clos.
— des Préaux.	Valmur.
— de la Chaînette.	Grenouille.
— de Migraine.	Bouguereau.
— de Clairion.	Mont-de-Milieu.
— de Boivins.	Chablis.
Quétard.	

YONNE.

VINS ROUGES.

Pied-de-Rat.
Chopette.
Judas.
Rosoir.
Irami.
Coulanges.

Nous avons dit que, dans l'examen d'un vin, trois de nos sens sont à consulter. Par l'organe de la vue, on aperçoit si la couleur du vin est ou foncée, moyenne ou légère, paillée ou pâle. L'œil, habitué à voir du vin, distingue assez bien si la couleur en est homogène, naturelle ou empruntée. C'est surtout dans une tasse d'argent bien brillante que le reflet de la couleur du vin vient frapper la cornée avec plus d'intensité.

Par l'odorat, on distingue l'arome du vin, et ce mode d'examen devient un indicateur rarement infidèle pour quiconque est doué d'une extrême sensibilité dans cet organe.

L'organe du goût, bien exercé, est celui des trois sens qui trompe le moins. Lorsque le vin est naturel, les principes qui le constituent forment un tout parfaitement homogène qui imprime une sensation unique sur la langue et sur la voûte du palais ; tandis que lorsqu'il est le produit d'un mélange, il n'y a qu'une simple union entre les molécules, et non une combinaison intime. En maintenant ce vin entre la langue et le palais pendant un certain temps, la chaleur de la bouche raréfie les corps les plus légers ou les plus volatils, et les rend sensibles à la voûte du palais, tandis que la partie extractive empâte la partie inférieure de la bouche ; et si le vin est aqueux, elle éprouve une sensation fade qui annonce la présence de l'eau.

Mais, ainsi que nous l'avons déjà dit, ces premiers essais de l'analyse naturelle ne peuvent convenir que très-imparfaitement lorsque l'on a quelques motifs pour suspecter la qualité des vins ; dans pareille occurrence il faut donc avoir recours, pour son examen, aux instruments de physique et à l'analyse, ce que nous allons entreprendre de faire connaître.

§ 2. *Appréciation des Vins par les instruments de physique.*

Le thermomètre et l'œnomètre ou pèse-vin sont

2.

des instruments de physique trop connus pour en faire la description, et dont l'usage est d'autant plus facile qu'ils sont très-sensibles.

Si l'on plonge un thermomètre au bain dans du vin, quelle que soit la température de l'atmosphère dans laquelle soit placé le vase qui contient ce vin, le mercure ou l'alcool, destinés dans cet instrument à marquer le degré de température du fluide ou du vin dans lequel il plonge, s'élèvera ou s'abaissera conformément à la température qui appartient au liquide.

Or, on sait que les liquides ont une température plus ou moins haute, selon leur densité ou leur légèreté; plus la liqueur du thermomètre s'élèvera, plus le vin sera réputé contenir de l'alcool. Le cas contraire désignera une moindre quantité. Cette expérience doit être faite comparativement avec de l'eau comme liquide régulateur et comparateur invariable.

Parmi les instruments de physique, il en existe un autre auquel le commerce a longtemps donné la préférence, connu sous le nom d'œnomètre ou pèse-vin, semblable, quant à la forme, au pèse-esprit.

L'œnomètre, plongé dans l'eau, donne 0 ; plongé

dans le vin, il marque depuis zéro jusqu'à 7 degrés au-dessus ; il peut aller jusqu'à 8. Les vins les plus ordinaires marquent 2 degrés 1/2 au-dessus de 0 ; lorsqu'ils marquent 4, 5 et 6 degrés de légèreté, on peut les réputer vins généreux ou de bonne qualité.

Mais comment conseiller l'usage d'un instrument aussi sensible? Ne sait-on pas que les vins diffèrent de qualité et varient dans quelques-uns de leurs principes constituants? Dès lors, comment se rendre compte de la légèreté d'un vin altéré par exemple, ou davantage chargé de tartre, substance saline que contiennent tous les vins? N'est-ce, d'ailleurs, pas un fait certain que le tartre et les parties sucrées sont en opposition directe avec l'effet du principe spiritueux? celui-ci, tendant à dilater et rendre le vin plus léger, permet à l'œnomètre de s'y enfoncer jusqu'au degré de la légèreté qu'il possède. Le tartre, la matière sucrée, au contraire, resserrent la liqueur, la rendent plus pesante, et s'opposent d'autant plus à la pénétration de l'œnomètre qu'ils y sont en plus grande quantité.

Il résulte de la vérité de ces faits que le vin qui contiendrait en même temps 15 pour cent d'alcool et 15 pour cent de tartre, ou, si on l'aime mieux, autant d'alcool que de tartre, ne donnerait aucune preuve à l'œnomètre. Cependant, il ne posséderait pas moins les 15 pour cent d'apprêt.

Enfin, dans un autre cas, si le vin est gazeux, l'œnomètre sera infidèle, à raison de l'élasticité naturelle du gaz, qui, soulevant les molécules du vin, le rendra plus léger.

Résumons donc que ce second mode d'examen, par les instruments de physique, ne peut pas suffire encore pour asseoir un jugement décisif, et disons que le seul moyen vrai pour savoir la force réelle du vin, quels que soient les principes qui le constituent ou le degré de son altération, est sa distillation, opération que nous avons rendue des plus faciles, et mise à la portée de toutes les intelligences à l'aide d'un alcoolomètre de notre invention (1).

(1) Cet instrument, que nous nommons alcoolomètre de Dubief, n'est autre qu'un petit alambic, réunissant, dans un seul tenant de forme cylindrique de 9 centimètres de diamètre sur 25 environ de hauteur (ce qui le rend très-portatif), les trois pièces de chauffage, de distillation et de condensation. Il ne laisse échapper aucune vapeur ni écoulement d'eau, et s'ouvre par le milieu comme une tabatière.

A l'aide de ce petit appareil qui permet de distiller beaucoup moins qu'un verre de vin, la distillation s'opère en quelques minutes, ce qui le rend indispensable.

Au négociant, pour apprécier la valeur alcoolique des vins, et reconnaître si les livraisons lui sont faites avec loyauté ;

§ 3. *De l'examen chimique du Vin.*

Nous aurions voulu nous dispenser, dans notre ouvrage, de parler de l'examen chimique du vin, parce que c'est faire de la science ; mais, sachant à combien de conséquences fâcheuses s'expose celui qui débite au public des vins falsifiés, nous croyons de notre devoir de l'initier dans cette opération, afin de l'en mettre à l'abri ; nous allons donc le lui faire connaître, de manière à ce que, dans un moment de doute dans ses acquisitions, il puisse opérer aussi bien que nous le ferions nous-même.

L'examen du vin peut s'opérer par les réactifs ou par l'intermédiaire du calorique, autrement dit par la chaleur.

Examen par les réactifs. On doit donner la prio-

Au brûleur, pour reconnaître la valeur exacte des vins qu'on lui propose, et le fixer par avance sur les bénéfices que lui donnera le vin de tel pays ou de tel propriétaire ;

Au distillateur, pour savoir à l'avance le rendement de ses cuves de fermentation ;

Au vinaigrier, pour l'aider à choisir ceux des vins qui sont les plus vineux, et lui démontrer les progrès et la finition de leur acétification.

Il peut servir encore à l'amusement, en facilitant l'essai de quelques eaux de senteurs, liqueurs spiritueuses, etc. Pour plus de renseignements voir notre *Traité de Vinification*.

rité au mode d'analyse par les réactifs, parce qu'il sert à faire reconnaître spontanément si la couleur du vin est naturelle ou factice, et s'il contient des corps qui soient étrangers à ses autres principes.

On emploie, à l'effet de reconnaître si la couleur du vin rouge est naturelle ou factice, *la potasse en liqueur oxygénée*. Si l'on verse quelques gouttes de cette liqueur sur du vin, même étendu d'eau, la couleur du vin n'éprouve aucun changement si elle est naturelle; si, au contraire, elle est factice, elle devient pourpre à l'instant même. Cette liqueur d'essai sert comme d'une pierre de touche certaine.

Ou bien encore on verse quelques gouttes de sulfate d'alumine (alun), en dissolution dans de l'eau distillée sur du vin étendu d'eau distillée, ensuite on précipite la terre alumineuse par la potasse.

Les deux moyens dont nous venons de donner connaissance étant du ressort plutôt des chimistes que des commerçants en vins, nous allons conseiller à ces derniers, pour arriver au même but, l'emploi d'un des alcalis suivants :

La *potasse* rouge ou blanche en dissolution dans

un peu d'eau, du *sel de soude* également dissous, de *l'alcali volatil* sans y ajouter d'eau;

Quel que soit le réactif ci-dessus employé ou précédemment cité, l'effet sur le vin est le même. C'est-à-dire que, si la couleur du vin lui est propre, sa nuance passera spontanément du vert bien clair au vert le plus foncé, tandis que, si la couleur lui a été communiquée par une substance étrangère, ce n'est plus la couleur verte qui apparaîtra, mais des nuances opposées.

Ainsi, les vins colorés avec le tournesol se troublent et donnent un précipité violet clair :

Avec les baies de sureau,
— de troëne, } précipité violet bleuâtre.
— d'hièble, }
— d'airelle, }
— de brinbelles, } id. couleur de lie sale.
— de phytoloca, précipité jaune.

Donc, toutes les fois qu'un des alcalis ci-dessus énumérés, uni au vin, ne lui rendra pas la couleur vert bouteille plus ou moins prononcée, suivant la coloration naturelle du vin, on peut affirmer que le vin a été coloré artificiellement.

Voilà pour la couleur.

Mais, s'il s'agit de reconnaître la présence de certains corps étrangers aux principes du vin, employons :

Le barite, qui décèle la présence de l'acide sulfurique. Quelquefois les marchands qui donnent à boire chez eux ajoutent au vin du sulfate d'alumine, dans l'intention de procurer de l'altération aux buveurs ou pour écouler des vins trop mous ou trop fades.

L'acide oxalique, qui décèle la présence de la chaux. C'est avec celle-ci que les commerçants corrigent l'âpreté de l'acide malique et la saveur du vinaigre.

Les acides minéraux, particulièrement *l'acide sulfurique*, qui découvre la potasse et chasse l'acide acétique ; la potasse est souvent employée pour les vins qui tirent à l'aigre.

Le muriate calcaire, qui forme un muriate de potasse et laisse précipiter la chaux.

Le sulfure de potasse arséniqué ;

Le sulfure d'ammoniaque arséniqué ;

L'hydro-sulfure de potasse (foie de soufre);

Le gaz hydrogène sulfuré, l'orpiment ou réalgar,

décèlent la présence du plomb à l'état d'oxyde ou litharge, par la propriété qu'ils ont de le précipiter en noir. Nous observerons, à ce sujet, que ce phénomène n'est pas toujours concluant, que souvent la teinte noire du précipité a lieu sans la présence des oxydes de plomb dans le vin, et qu'il suffit pour cela que le vin soit très-foncé en couleur, ou qu'il contienne du fer.

On avait donc besoin de trouver un agent qui ne fît découvrir dans le vin que ce qui est nuisible à la santé; et c'est ce que fait le moyen suivant qui précipite le *plomb* et le *cuivre* en noir, l'*arsenic* en orange, mais qui ne précipite pas le *fer*, métal, du reste, innocent et même salutaire à la constitution humaine, qui s'introduit dans un grand nombre de vins de différentes sortes, naturellement et par divers accidents.

On prend d'abord parties égales d'écailles d'huîtres et de soufre cru réduites en poudre fine, et on met ce mélange dans un creuset que l'on chauffe jusqu'au blanc; quand la masse est refroidie, on la réduit en poudre; ensuite on met **12** grammes de cette poudre et 18 grammes de crème de tartre dans un litre d'eau, que l'on fait bouillir très-dou-

cément pendant une heure environ ; après refroidissement et éclaircissement, on tire à clair dans une
bouteille, on y ajoute cinq grammes d'esprit de
sel, on remue la bouteille et on la tient toujours bouchée. Une partie de cette liqueur, mêlée avec deux
parties au plus de vin, découvrira, par un précipité
noir très-sensible, la plus petite quantité de cuivre
ou de plomb, etc., mais n'aura aucun effet sur le
fer que le vin peut contenir. Quand le dépôt des
matières étrangères est fait, on peut découvrir le
fer en saturant ce qui reste du vin d'un peu de
carbonate de potasse, *sel de tartre*, qui fait devenir
sur-le-champ la liqueur noire. Les vins bien purs
restent parfaitement clairs après l'addition de cette
liqueur.

Disons, en passant, que les commerçants, à la
grande satisfaction des consommateurs, n'emploient
plus de litharge ni d'extrait de saturne pour corriger l'acidité ou âpreté de leurs vins, depuis qu'ils
savent que ces toxiques sont dangereux et que la
chaux ou la *potasse* peuvent leur être substitués
très-avantageusement et sans danger.

§ 4. *Examen du Vin par le calorique.*

L'examen du vin par le calorique, c'est-à-dire par la chaleur, a pour objet de désunir tous les principes qui le constituent, de les distinguer et d'en reconnaître les quantités : cette connaissance n'étant pas tout à fait indispensable à savoir au commerçant, nous pensons devoir la lui décrire.

On procède d'abord par la distillation du vin pour reconnaître la quantité d'alcool dont il est composé ; d'autre part, on verse du vin naturel et du vin soupçonné de falsification dans des capsules placées sur un feu doux, ou, plutôt, sur un bain de sable ou au bain-marie. Si pendant l'évaporation, qui est lente, la partie colorante ne se sépare pas du vin, elle est naturelle ; si, au contraire, elle se désunit, elle est factice. Les vins arrivant à la consistance sirupeuse, on couvre les capsules et on laisse refroidir. Voilà donc pour la force spiritueuse et pour sa couleur. Passons à ses autres principes.

Pendant le repos des vins, évaporés ainsi que nous venons de le dire, l'acide tartareux se dépose en cristaux au fond des capsules dans des proportions qui lui sont relatives, par conséquent variables suivant la nature des vins employés.

Et, si le vin que l'on analyse est allongé avec du cidre ou du poiré, il déposera de même de l'acide tartareux; mais la matière extractive ou le liquide surnageant, au lieu d'avoir une saveur âpre, aura une saveur acide très-piquante.

On sépare la liqueur surnageante, on lave les cristaux de tartre avec de l'eau distillée autant que possible. Après un nouveau repos, on décante l'eau surnageant les cristaux, on la réunit à la matière extractive mise de côté, on fait évaporer à moitié, et on laisse en repos pour obtenir de nouveaux cristaux; et si on répète deux fois cette même opération, on obtient tout le tartre contenu dans le vin; alors on fait évaporer les résidus jusqu'à siccité, le produit qui reste dans les capsules se nomme extrait. Si, pendant cette dernière opération d'évaporation, le liquide se boursoufle, on a l'indice que le vin a reçu un mélange de cidre.

Si au boursouflement du liquide une odeur de sucre brûlé se répand, c'est une indication que le vin a été mélangé avec quelque vin factice mal fermenté ou des matières sucrées.

Dans ces différents cas les produits en tartre et en extrait sont moindres que ceux obtenus dans les vins en pure nature; et il en est de même lorsque le vin a été mouillé d'une certaine quantité d'eau, toutes circonstances qui donnent lieu à la saisie des vins lorsqu'elles sont remarquées par les dégustateurs préposés par le gouvernement.

Pour reconnaître si la partie colorante est naturelle, on soumet les résidus secs à l'action de l'alcool, et on remarque la différence qu'il y a dans le ton de la couleur de l'un et de l'autre vin et celle qui existe dans la quantité des résidus.

Si, encore, l'on fait évaporer le vin à siccité, sans en séparer le tartre qu'il peut contenir, c'est-à-dire tel quel, le vin naturel offrira une saveur rigide, âpre; le vin allongé avec du poiré ou du cidre aura, au contraire, une transparence vitreuse et une saveur acide.

Si l'on soupçonne la présence du plomb, on fera entrer en fusion le résidu sec, en l'exposant dans un creuset à l'action d'un feu capable, et en couvrant le creuset lors de la fusion pour le laisser refroidir; le métal, s'il y en a, se présentera en petits globules.

La combustion des deux résidus secs, mis sur dés

charbons ardents, exhale une fumée dont l'odeur est bien différente. Celle du vin naturel est pénétrante et d'une odeur vineuse désagréable ; celle du vin allongé avec du cidre ou du poiré est analogue au sucre brûlé.

§ 5. *Résumé des divers moyens d'analyse du vin et conclusion.*

1° L'examen des vins par le concours des *sens* ne donne que des présomptions auxquelles on ne doit s'arrêter que lorsque ces vins ne sont pas suspectés de nocuité dans leur usage et pour leur assigner une valeur pécuniaire.

2° L'instrument connu sous le nom de thermomètre ne donne que de légers indices de leur qualité.

3° L'œnomètre ou oinomètre, ou pèse-vin, indique leurs degrés de légèreté spécifique. Cet instrument serait sans doute commode pour apprécier la quantité d'alcool qui existe dans le vin si la présence du tartre et celle des matières extractives n'étaient pas des obstacles à cet usage, ou si, quelquefois, la légèreté du vin n'était pas due à la présence du gaz acide carbonique.

4° Les réactifs servent à faire connaître si la couleur des vins est naturelle ou factice et s'ils contiennent des corps étrangers, soit plomb, cuivre, potasse et autres.

5° L'analyse par le calorique est le complément de l'analyse des vins; elle doit se faire, par comparaison, avec des vins de la qualité et de la fidélité desquels on soit sûr, et encore, par comparaison, avec des vins que l'on soupçonne d'être mélangés, allongés et colorés par approximation, pour prononcer affirmativement.

6° La distillation et l'évaporation servent à présenter des données exactes sur les quantités respectives de l'alcool et des matières extractives sèches contenues dans les vins; mais elles ne servent pas à découvrir l'addition de l'alcool dans un vin naturel ou factice, comme le prétendaient nos anciens, attendu qu'aucun genre d'analyse ne peut confirmer ce doute, l'alcool additionné ayant autant d'affinité pour l'eau et les autres principes du vin que l'alcool qui lui est propre; il résulte que les deux alcools ne forment qu'un seul corps-homogène.

Les organes des sens peuvent seuls prononcer si l'alcool appartient ou non au vin, mais ce n'est qu'au moment de son addition et peut-être pendant encore quelques jours; encore faut-il que cette addition soit faite avec de l'alcool autre que celui du vin, et, dans ce cas-là, ce n'est pas l'alcool additionné qui domine, mais l'odeur qui lui est adhérente.

7° L'évaporation dans les capsules décèle la coloration factice, indique les quantités de tartre, de matière extractive et la nature de cet extractif.

8° La combustion de l'extrait sec décèle l'absence ou la présence du poiré ou du cidre.

9° La fusion de l'extrait du vin décèle la quantité de plomb contenue dans le vin.

10° L'extrait sec du vin soumis à l'action de l'alcool donne la mesure de son principe colorant et décèle une couleur procurée artificiellement.

Nous savons apprécier la qualité des vins, reconnaître leur force spiritueuse et nous possédons les moyens de reconnaître s'ils sont falsifiés; passons à leurs distinctions.

CHAPITRE III

—

De la distinction des Vins

Que les vins soient rouges ou blancs, nous les distinguons chacun en deux classes. Comme première classe, nous admettons tous ceux qui, par leur nature spéciale, plaisent aux consommateurs tels qu'ils sortent de la cuve de fermentation ; comme deuxième classe, ceux qui ne deviennent convenables qu'autant qu'ils ont été mélangés, avec d'autres vins, soit plus riches, soit plus pauvres. Ainsi sont compris dans la première classe les vins du Bordelais, de la Bourgogne, de la Champagne, de la Côte-d'Or, du Gâtinais, de l'Orléanais et autres lieux dont la dénomination serait très-longue à énumérer, et comme deuxième classe, les vins de Bandol, Cahors, Saint-Christol, Gaillac, Narbonne, Roussillon, et généralement tous les vins noirs, épais et trop riches en couleur, et ceux dont le goût de terroir est trop prononcé.

Bien que les vins désignés de première classe

puissent se livrer à la consommation tel que le raisin ou la cuve de fermentation les ont produits, cependant qu'il est des circonstances où leur qualité a besoin d'être augmentée; nous donnerons plus loin les moyens d'y parvenir.

CHAPITRE IV

—

Du mélange ou coupage des Vins

Le coupage des vins a, en général, pour but de compenser des défauts ou des qualités contraires. Ainsi on mélange des vins noirs avec des vins trop peu colorés ou avec des vins blancs ; des vins légers, ou de peu de garde, avec des vins corsés qui assurent leur conservation ; des vins très-alcooliques, mais lourds et pâteux, avec des vins vifs et légers, etc.

Ces mélanges, lorsqu'ils sont bien assortis et faits dans les proportions convenables, produisent toujours des vins meilleurs que chacun de ceux qui ont servi à les composer. Ces vins sont aussi salubres que ceux dits *naturels* de même classe, et souvent ils sont plus agréables.

L'art de couper les vins, de les corriger les uns par les autres est, comme on le voit, fort difficile. Ce n'est pas seulement l'œil, le goût et l'odorat qu'il faut consulter, mais encore les goûts des consommateurs ; aussi, ne pouvons-nous présenter ici que des données générales.

Si on coupe les vins trop colorés avec des vins qui manquent de couleur ou des vins blancs dans la proportion nécessaire, on les amène au ton de couleur et de qualité désirées.

Les vins du Midi, chargés et épais lorsqu'ils sont mêlés avec du vin blanc provenant d'un sol léger et crayeux, prennent une couleur vive et brillante, et il en résulte un fort bon vin.

Si aux vins ordinaires qui ont une verdeur, même un goût de terroir, on mêle du vin blanc bien franc et encore doux, on en fait un fort bon vin; si encore on mêle du vin du Midi, net de goût, à un vin raide ou vert, on a pour résultat une qualité de vin possédant beaucoup de fraîcheur.

Quelques brocs de vins vieux d'un an ou deux sur du vin qui vieillarde lui redonnent le nerf et la fraîcheur qu'il a perdus; il en est de même des vins qui commencent à passer à l'amertume.

Des vins rouges très-colorés et des vins blancs passés au jaune, mêlés ensemble, deviennent plus agréables et beaucoup meilleurs.

Disons en passant que, pour conserver au vin son cachet de naissance, le mélange des vins doit se faire de vignobles à vignobles, de contrées à contrées;

sans cette attention, on encourt le risque d'avoir un vin n'ayant le goût d'aucun crû , circonstance insignifiante, il est vrai, pour le consommateur qui le trouve bon, mais qui lui jette néanmoins une défaveur sur la place.

Le coupage des vins ne contribue pas seulement à leur amélioration et à leur conservation, mais il contribue encore à la possibilité de leur transport dans des régions lointaines ; c'est ainsi que, dans le Mâconnais, pour procurer ces qualités aux vins de Thorins, on les mêle avec le Chénas ou du Romanége, et que le Chartose coupé avec du Madiran, vin des Pyrénées, qui a plus de corps et plus de force, fournit un vin fort estimé dans le Nord.

Les Bordelais corrigent souvent l'âpreté de leurs vins rouges avec de l'Hermitage et les colorent avec ceux de Cahors, ceux du Gard et ceux de l'Hérault ; mais ils ne font ces mélanges que quand les vins sont encore nouveaux, attendu que, réunis ensemble, ils éprouvent une continuation de fermentation insensible qui se termine par la fusion complète de ces différents vins, et donne naissance à un vin fin de bonne qualité , vendu généralement pour du Médoc.

On doit voir, par ce qui précède, que les vins à adopter et leurs proportions doivent varier dans les mélanges en raison de leurs qualités, mais même suivant le goût des consommateurs.

A Paris, on préfère, sur le comptoir, un vin épais et capiteux à un vin léger et agréable.

Le goût des Anglais n'est pas le même que celui des Russes, et celui des Russes n'est pas non plus celui des Allemands; aussi, le commerçant a-t-il été obligé, pour satisfaire à tous les goûts, d'étudier par tous les moyens le mélange et la combinaison des vins, et, par suite de persévérance, il est arrivé à procurer au vin, soit pur ou mélangé, une puissance de force et de qualité qu'il n'avait pas; un de ces moyens consiste à ajouter depuis deux jusqu'à cinq litres d'alcool, et même quelquefois plus, par barrique de vin de bonne qualité, et de provoquer la fermentation à vaisseaux clos, en ajoutant deux litres environ de vin muet. Nous avons remarqué de notre côté que cette opération réussit d'autant mieux que le vin est plus jeune ou qu'il contient encore des principes sucrés; de même qu'elle déterminait mieux la combinaison du coupage de plusieurs vins, principalement quand les gros vins du Midi et ceux ayant un goût prononcé de terroir faisaient la plus grande partie du mélange.

Dans le Midi, on emploie au coupage les vins d'Alicante et de Bernicarlos, ceux de l'Hermitage, du Roussillon, de Gaillac et les vins noirs.

Dans le Nord, surtout à Paris, le pays des mélanges, on emploie les vins très-chargés en couleur, que l'on tire du Roussillon, du bas Languedoc, du Lot, de l'Allier, du Puy-de-Dôme, de Loir-et-Cher, du Cher, etc., et les vins blancs d'Indre-et-Loire, de l'Aisne, de l'Anjou et autres lieux.

Les meilleurs vins blancs pour le coupage des vins trop chargés en couleur sont ceux de Saint-Bris (Yonne), ceux de Maine-et-Loire, Sologne, Anjou, Vouvray.

Passons à quelques exemples de coupage.

Coupage pour un vin de première qualité, pour le comptoir ou pour le commerce en pièces.

Vins du Cher.................. 1 pièce.
    de Marseille............. 1 id.
    de Bordeaux blanc, à défaut
       d'Anjou ou de Vouvray.. 1 id.
    de Roussillon............. 3 brocs.

Et coller.

Autre de deuxième qualité.

Vins de Touraine . . . . 1 pièce.
    ou de Bourgogne. . . . . 1 demi-muids.
    de Saint-Gilles ou de Nar-
      bonne, ou mieux de Rous-
      sillon . . . . 3 brocs.

Et coller.

Autre pour la Bouteille.

Vins vieux de Bourgogne. . . . . 1 feuillette.
    d'Anjou ou Vouvray. . 2 brocs.
    de Tavel. . . . . 2 brocs.
    de Roussillon.

Quantité suffisante pour communiquer au vin une teinte rouge dorée ; et coller.

CHAPITRE V

—

Du vinage des Vins

Le vinage se fait au moyen de l'alcool. Il a pour objet de prévenir l'altération des vins en procurant un principe conservateur aux éléments qui le constituent. La loi l'autorise à 5 p. 100 d'alcool pur dans sept départements seulement : Tarn, Var, Gard, Bouches-du-Rhône, Aude et Pyrénées-Orientales.

Le vinage se fait, le plus communément, avec l'alcool Montpellier à 86 degrés que l'on mêle dans le vin ; mieux serait de le faire avec celui à 58.

Cette manière de faire le vinage est défectueuse, en ce sens que le vinage ainsi traité laisse aux vins, pendant fort longtemps, une odeur et une saveur d'alcool qui en empêchent l'emploi immédiat, principalement lorsque le vinage a eu lieu avec l'esprit troix-six (86 degrés).

Ces inconvénients étant des plus graves pour le débitant, nous avons dû rechercher le moyen de les éviter, et nous nous y sommes livrés avec d'autant plus de zèle que nous avons remarqué que le vinage n'a pas seulement la propriété d'aider à la conservation du vin, mais qu'opéré sur des vins déjà riches, il augmente considérablement leur force en permettant de la réduire avec souvent beaucoup d'avantage. Nous y sommes parvenus

1° En réunissant :

Eau	70 lit.
Sucre blanc	12 kil. 500 gr.
Alcool fin de goût à 86 degrés . . .	25 lit.
Carbonate de soude.	50 gr.

2° Ou mieux encore :

Eau-de-vie distillée à 58 degrés. . .	58 lit.
Sucre blanc.	12 kil. 500 gr.
Eau	57 lit.
Carbonate de soude.	30 gr.

Pour la première préparation, on dissout le sucre et le carbonate dans l'eau, et l'on ajoute l'alcool.

Pour la deuxième, on ajoute à l'eau-de-vie le sucre que l'on fait fondre préalablement sur le feu avec le moins d'eau possible, ou simplement à froid, puis le carbonate de soude que l'on fait dissoudre à part de la même manière, et on complète avec le restant d'eau, après quoi on bouche et on dépose dans un endroit frais.

Plus ces préparations vieillissent, davantage elles sont convenables pour le vinage.

3° Ici nous nous arrêtons pour en parler ailleurs, ce moyen n'étant que pour le vinage de l'eau et la disparition de l'odeur et de la saveur de l'alcool dans l'espace de douze heures.

CHAPITRE VI

B onification des Vins

Nous divisons la bonification en deux moyens :

En moyen naturel : le mélange d'un vin à un ou à plusieurs autres vins ;

En moyen artificiel : le vin seul ou coupé avec d'autres vins, auquel on ajoute quelques-uns des principes dont il n'est pas assez pourvu, ou dont il est trop surchargé.

Par le premier moyen :

On bonifie le vin de Touraine, par exemple, en le coupant avec celui du Cher ;

Les Bourgogne, en général, en en mêlant de différents crûs, ou les coupant avec le vin de Tonnerre ;

Un vin faible avec un vin plus riche ;

Un vin qui faiblit par l'âge, par un vin du même crû, d'un, de deux ou trois ans plus jeune ;

Un vin jeune qui faiblit, par un léger vinage ;

Un vin trop vert avec un vin un peu fade ou légèrement sucré ;

Un vin blanc qui passe au jaune, en versant un litre au plus de lait chaud par pièce, et le coupant, après collage et soutirage, avec un autre vin.

Dans le second moyen :

On bonifie un vin trop vert en lui ajoutant un peu de sirop de raisin ou de sucre fondu ;

Un vin gras, pâteux ou trop doux, avec un peu d'acide tartarique en dissolution ;

Enfin, un vin qui pêche par le manque de bouquet, avec celui qui lui est approprié ;

A celui qui n'en a aucun, avec celui de notre choix, etc.

Nous allons voir qu'on peut bonifier les vins trop acides ou trop verts en augmentant leur volume d'un quart ou d'un tiers par l'addition suivante :

32 litres de notre préparation pour le vinage (p. 54).
43 litres d'eau.

On retire sur un fût de grandeur quelconque un tiers du vin qu'il contient.

Ce sera donc sur une pièce de 225 litres, 75 litres de vin à soutirer que l'on remplace par les 75 litres de préparation ci-dessus; on donne, au besoin, le bouquet, et on augmente la couleur si elle n'est pas assez convenable à l'aide de notre vin de teinte.

Dans cette opération, notre mélange de 75 litres contient un dixième d'alcool, c'est ce que rendent à la distillation les vins ordinaires; il est donc de la même force que beaucoup de vins. D'un autre côté, par son introduction d'un tiers, le vin de la pièce perd un tiers de son âcreté et de sa verdeur, et le sucre, qui fait partie de sa composition, forme, avec l'acide tartarique et autres, qui se trouvent en excès dans le vin, une sorte de limonade qui procure un moelleux et un goût des plus agréables au lieu de dur et acerbe qu'était le vin auparavant.

En comptant la pièce de vin toute rendue dans Paris à 160 fr., les deux tiers étant à employer dans l'opération, la dépense en sera de 107 fr., comptant les 8 litres d'alcool contenus dans nos 32 litres de préparation à 2 fr. 45 le litre (19 fr. 60 c.), et les 4 kilog. de sucre, qui en font également partie, à 1 fr. 50 c. (6 fr.), ce qui fait une dépense totale de 133 fr. 60 c. On a donc, tout en enlevant au vin sa saveur acerbe et désagréable, un bénéfice certain de 28 fr. 40 c. par pièce.

Ce moyen de bonifier les vins acerbes peut également s'appliquer aux vins de bonne qualité qui n'ont qu'une ou deux années; mais, alors, il devient indispensable d'aciduler légèrement la préparation avec de l'acide tartrique, et de lui ajouter de 5 à 15 grammes de tannin.

Nous le répétons, les vins ainsi arrangés sont bons; ils se façonnent très-bien; mais ce n'est qu'après un grand mois qu'on peut bien les apprécier et établir des comparaisons.

On peut enfin bonifier les vins par la confection de vins factices sans raisin dont nous avons donné diverses préparations dans notre *Traité de Vinification*, dont l'admission a eu lieu aux expositions nationales de Paris, après l'analyse qui en a été faite par les premiers chimistes de la capitale.

De tous les moyens que nous venons de donner, les marchands de vins en gros peuvent, avec un peu de discernement, améliorer les diverses espèces de vins durs, acerbes ou même défectueux, suivant les années qui les ont produits, qui surchargent leurs magasins, ou dont ils né peuvent pas se défaire à cause de leur mauvaise qualité.

Ceux en détail peuvent se servir de notre méthode pour marier, bonifier, et mettre au goût des consommateurs les vins qu'ils débitent, et qui, trop souvent, sont de mauvaise qualité, faute de connaissances pour les corriger.

Nous ne pensons point qu'aucun homme sensé puisse avoir des préjugés contre les moyens que nous indiquons.

DES VINS DE TEINTES.

Les substances employées pour les vins de teintes ont été jusqu'à ce jour :

> Le bois d'Inde
> ou de Brésil,
> Les graines
> ou baies de sureau,
>   — de troëne,
>   — d'hyèble,
>   — d'airelle,
>   — de brinbelles et autres.

Quand ces vins sont bien préparés, ils ont assurément beaucoup de mérite, puisqu'ils procurent au vin trop léger en couleur toutes les nuances de rouge désiré; mais, par cela même que leur présence se reconnaît au moyen des réactifs que nous avons fait connaître, et que, dès lors, les vins qui en contiennent sont considérés falsifiés et saisissables, nous conseillons d'en éloigner l'emploi; aussi nous dispenserons-nous de donner les moyens de les fabriquer.

Mais, désirant contribuer à procurer au commerce des moyens de colorations, dont l'utilité est si grande en beaucoup de circonstances, nous allons l'initier à un moyen simple et tout à fait rationnel, que nous devons à notre persévérance à rechercher tout ce qui intéresse la société.

Ce moyen, c'est l'emploi des fleurs rouges des roses trémières, desséchées et mondées, c'est-à-dire détachées de leur pétale ou calice, infusées dans le vin rouge ou blanc ou dans l'eau-de-vie.

Cette préparation, faite sur le moment ou quelques jours à l'avance, procure toutes les nuances de rouge voulues, même au vin blanc; vieille faite, elle procure un rouge velouté tirant sur le jaune, et, dans l'un ou l'autre cas, les réactifs que nous connaissons ne peuvent en attester l'emploi.

Nous avons aussi obtenu, par la fermentation du fruit du mûrier, un vin de teinte aussi puissant par la couleur qu'agréable par le parfum, et, par son infusion dans l'eau-de-vie, un produit non moins colorant, mais ayant plus d'arome.

N'étant, à cette époque, aucunement assujetti à la visite des dégustateurs, nous avouons que nous n'avons pas songé à le soumettre à l'analyse pour savoir si l'on se mettrait en défaut par son emploi, on ne devra donc en faire usage qu'après vérification.

Rappelons ici que le moyen certain pour reconnaître si la couleur du vin rouge est factice, c'est de verser sur le vin, étendu dans l'eau, quelques gouttes de potasse oxygénée en liqueur ; la couleur deviendra pourpre aussitôt ; si, au contraire, elle est naturelle, elle deviendra plus ou moins verte, selon son intensité ; à défaut de potasse oxygénée, on peut employer la lessive de potasse ou celle de soude, dite lessive des savonniers, même l'alcali volatil.

CHAPITRE VII

Imitation des Vins

Il est des circonstances où l'on peut manquer de vin du crû. Pour arriver à les imiter avantageusement, il convient de préparer à l'avance les infusions et teintures qui suivent :

Teinture d'iris.

Avec, alcool de 50 à 58 degrés . . . .   1 litre.
Iris en poudre . . . .   125 grammes.

    ◆   Mieux serait :

Avec, alcool . . . .   1 litre.
    Eau. . . . .   1/2 id.
    Iris de Florence, en poudre . . .   125 grammes.

Et, vingt-quatre heures après, mettre à distiller et retirer deux litres de produit.

Teinture de racine de fraisier.

Avec, alcool à 85 ou 90 degrés . . . .   5 litres.
Racines sèches de fraisier, bien divisées . . . .   500 grammes.

Teinture de fer.

Avec, oxyde de fer. . . . . 500 grammes.
Acide tartarique en cristaux . . . 500   id.
Eau. . . . . 2 litres.

Faire dissoudre sur le feu.

Infusion de brou de noix desséché.

Avec, alcool à 85 ou 90 degrés . . . .   5 litres.
Brou de noix sec, premier choix . 500 grammes.

Infusion de framboise.

Avec, alcool . . . . 10 litres.
Framboise bien mûre . . . . . . 10 kilog.

Teinture d'amande.

Avec, alcool à 85 ou 90 degrés . . . .   5 litres.
Essence d'amandes mères. . . . . . .   5 grammes.

Par leur simple mélange.

Après un mois d'attente de toutes ces préparations,
voulons-nous préparer soit du bourgogne, du mâcon

ou du bordeaux, choisissons ceux des vins qui se rapprochent le plus de celui que nous voulons imiter, tant par l'âge, la nuance, que par la couleur et la vinosité.

Si c'est du bourgogne que nous désirons, ajoutons sur chaque pièce une quantité d'infusion de framboise, tantôt seule, tantôt accompagnée de teinture d'amandes.

Si, au contraire, c'est du mâcon, infusion de brou de noix et teinture de racines de fraisier ; un litre environ de chaque.

Si, enfin, c'est du bordeaux, de la teinture de fer, assez pour procurer ce rêche particulier qui caractérise le vin de Bordeaux ; 1 à 2 litres d'infusion de framboise, par pièce de 280 litres, et teinture d'iris une quantité minime pour procurer le bouquet.

On conçoit ici qu'il ne nous est pas possible de préciser les doses à employer des teintures et des infusions que nous venons de mentionner, qu'elles doivent nécessairement varier en raison de la qualité des substances employées à leur préparation, en

4.

raison aussi de l'état du vin dont on fait choix, et enfin du goût de chacun ; c'est donc un tâtonnement à faire à chaque renouvellement d'imitation des vins.

CHAPITRE VIII

—

De la confection des Vins mousseux

Les vins mousseux ne doivent la propriété de mousser qu'à ce qu'ils ont été enfermés dans les bouteilles avant qu'ils aient complété leur fermentation.

Ainsi, tous les vins qui contiennent encore un principe sucré donnent de la mousse ; il en est de même si à un vin fait on ajoute ce principe.

En effet, en ajoutant au vin fait quelques grains de raisin de caisse, dit raisin sec, ou encore quelques grains d'orge des brasseurs, c'est-à-dire germés et desséchés, du miel et autres, ce vin devient mousseux ; cela est dû à ce que les molécules sucrées se trouvant en contact avec le vin, elles y rencontrent les éléments qui les désunissent, les mettent en fermentation, et leur font dégager du gaz acide carbonique, lequel ne pouvant s'échapper des bouteilles, produit la mousse.

C'est principalement aux mois de mars et août,

par un jour sec et beau, qu'il convient de mettre en bouteilles les vins qui n'ont pas encore entièrement fini leur travail ; dans ceux-ci on doit choisir ceux dont la fermentation est lente, comme produisant des vins dont la mousse a le plus de durée dans les bouteilles comme dans le verre.

Quand on opère par l'addition du sucre, on doit donner la préférence au sucre candi, comme étant mieux purifié et plus résistant à la fermentation ; enfin, l'époque pour mieux opérer doit être celle où le vin éprouve de lui-même comme un nouveau travail.

Nous observerons encore qu'il convient de mélanger les vins de plusieurs crûs, attendu que les uns ont une tendance à trop mousser, et que les autres n'en ont pas assez, et que ces porportions doivent varier en raison des consommateurs. Témoins les vins destinés pour l'Angleterre, qui ne sont pas traités de même que ceux pour la Russie et pour l'Allemagne.

Disons, enfin, que l'art peut suppléer à la nature pour faire des vins mousseux.

Par exemple

Prenons du vin de bonne qualité, des côtes de

Champagne, de Saumur, de Chablis, de Pouilly ou d'autres contrées; dans une feuillette de ce vin, bien collé et soutiré clair-fin, ajoutons 6 kilog. environ de sucre candi, couleur paille, premier choix, et 2 litres d'eau-de-vie fine de goût; agitons de temps en temps pour dissoudre le sucre, collons ensuite, et, huit à quinze jours après, mettons en bouteilles.

Comme l'attente de voir mousser le vin ainsi préparé sera longue, gagnons sur le temps en exposant les bouteilles à une chaleur tempérée; nous provoquerons par là un mouvement intestin insensible, qui décomposera le sucre, lequel, par sa décomposition, donnera au vin l'acide carbonique qui lui manquait pour devenir mousseux. La présence de ce gaz une fois reconnue, descendons nos bouteilles à la cave, et bientôt nous pourrons juger l'œuvre du travail.

Nous pourrions encore rendre le vin mousseux en y introduisant du gaz à la manière de la confection des eaux de Seltz ; mais, ayant démontré dans un de nos ouvrages que la mousse dans les vins ainsi préparés ne se soutient pas du tout dans le verre, nous ne nous servirons pas de ce moyen; mais nous l'appliquerons toutes les fois que le vin contiendra, par lui-même encore des parties sucrées ou que nous les lui aurons fournies ; alors, nous aurons promptement, ainsi que nos expériences sur ce sujet l'ont prouvé, un vin mousseux de grande qualité, et digne de figurer sur les meilleures tables.

Le moyen suivant prouvera encore que l'art a, comme la nature, ses divers moyens pour arriver au même but.

Prenons du moût ou jus de raisin à la sortie du pressoir, c'est-à-dire non fermenté ; filtrons-le pour le clarifier ; si au goût sucré qu'il possède se joint légèrement celui aigrelet, mettons-le de suite en bouteille ; si le sucre domine par trop, émoussons-le par un peu d'acide tartrique, car c'est à la présence d'une plus ou moins grande quantité du tartre contenu dans le moût qu'est due en partie la qualité des vins mousseux.

Nous terminons ici la préparation des vins mousseux, ce sujet étant grandement développé dans notre *Traité de Vinification*.

CHAPITRE IX

Du Vin muet

Le *vin muet* n'est autre chose que le moût du raisin qu'on empêche de fermenter en l'imprégnant de gaz sulfureux.

Disons, en passant, que le moût ne prenant le nom de vin que quand il a fermenté, celui de vin muet lui est impropre. Néanmoins, admettons-le sous cette dénomination et démontrons comment on procède pour le faire.

On soufre un tonneau vide et on le remplit au quart du moût sortant du pressoir, on ferme le tonneau et on l'agite jusqu'à ce que le gaz sulfureux soit combiné; on brûle une autre mèche, on ajoute une nouvelle portion de moût et on roule encore le tonneau; on continue ainsi jusqu'à ce qu'il soit entièrement plein, et on le bonde hermétiquement; le tonneau ainsi disposé est descendu à la cave.

Dans cette opération, le ferment contenu dans le moût est désoxygéné par le gaz acide sulfureux;

mais il suffit de le mettre en contact avec l'air pour qu'il recouvre sa propriété d'exciter la fermentation.

Le *vin muet*, employé, ainsi que nous l'avons déjà dit, dans la proportion de 1 à 3 litres par pièce de 230 litres, provoque une deuxième fermentation dans le vin, par suite de laquelle résulte un vin plus vineux, plus sec et d'une plus longue conservation, les éléments qui le constituent s'étant entièrement combinés entre eux.

En raison de cette propriété, on devrait l'employer pour presque tous les vins du Midi, notamment ceux fortement chargés de tartre et de parties sucrées, comme enfin ceux qui, étant coupés, se combinent difficilement.

CHAPITRE X

—

Des Vins de liqueur et de leur imitation

Les vins, en général, se divisent en deux ordres très-distincts, les *vins secs* et les *vins sucrés* ou vins de liqueurs.

Les vins de liqueurs contiennent moins d'eau, plus de sucre, d'alcool, et développent un parfum plus prononcé que les vins secs ; ils offrent une consistance plus ou moins sirupeuse, et, par cela, une douceur qui les rend en effet plutôt liqueurs d'agrément que vins de consommation journalière. C'est à la quantité excédante de sucre et d'alcool que contiennent ces sortes de vins qu'ils doivent la propriété qu'ils ont de se conserver pendant une longue suite d'années sans éprouver d'altération bien sensible.

Les vins les plus estimés sur les tables sont : les vins d'Alicante, Grenache, Muscat, Malaga, Xérès, Madère, Tokai, Lacrima-Christi, Malvoisie, celui de Vermout, etc.

5

Généralement les vins de liqueurs que l'on rencontre dans le commerce sont des *vins factices* fabriqués pour la plupart à Cette et à Montpellier ; ils sont le résultat du mélange de différents vins, d'alcool, de matière sucrée et d'un bouquet d'un ou de plusieurs aromes extraits de différentes substances aromatique ; le tout dans des proportions en rapport avec la nature du vin à imiter.

Ces substances sont en très-grand nombre. Celles qui sont le plus particulièrement employées sont les infusions spiritueuses de framboise, de noix vertes, de girofle, d'iris, de calaman ; celles d'amandes amères et de café ; la dissolution de goudron, les sirops de raisin, celui de sucre candi et le miel.

Avant de faire connaître les recettes pour imiter les vins de liqueur, indiquons les moyens de préparer les infusions nécessaires à leur confection.

Opérations des infusions néccssaires pour la bonne confection des Vins de Liqueurs.

—

Infusion de Framboises.

Alcool à 85 degrés.

Framboises bien mûres, et moudre partie égale en mesure.

Infusion de Noix vertes.

Alcool à 85 degrés . . . . 100 kil.
Noix vertes morveuses . . . . 100 kil.

On nomme noix morveuses celles que l'on peut traverser sans obstacle avec une épingle.

Infusion de Girofle.

Alcool à 58 degrés . . . . 4 lit.
Girofle concassée . . . . 500 gr.

Infusion d'Iris.

Alcool à 58 degrés . . . . 4 lit.
Iris de Provence râpé. . . . . 500 gr.

Il en est ici de l'emploi de l'iris pour les vins de liqueur ce que nous avons dit pour parfumer les vins de Bordeaux, que son produit par la distillation est préférable à celui de son infusion.

Infusion de Calaman.

Remplir un petit tonneau ou une cruche en grès d'herbes sèches de calaman, coupées par morceaux, et les couvrir d'alcool à 58 degrés.

Infusion de Coques d'Amandes amères.

Coques d'amandes amères . . . . . 20 kil.

Les torréfier légèrement à la manière du café, et
les jeter toutes chaudes dans un vase contenant :

Alcool à 58 degrés. . . . . 40 lit.

Infusion de Café.

Café Moka, Bourbon et Martinique
    mélangés par tiers . . . . 1 kil. 500 gr.

Les torréfier couleur d'or foncée, les moudre et
ajouter :

Alcool à 58 degrés . . . . 5 lit.

Dissolution de Goudron.

Goudron de Norvége . . . . 30 gr.
Alcool à 85 degrés . . . . 2 lit.

Toutes ces infusions ont besoin d'être préparées
un ou deux mois avant d'en faire usage ; celle
de brou de noix plus particulièrement ; ce n'est que
lorsqu'elle est vieille faite qu'elle procure ce goût de

rancio qui fait le mérite de beaucoup de vins de liqueurs.

Les infusions de girofle, d'iris et de café peuvent
être rechargées, à plusieurs reprises, jusqu'à épuise-
ment de leur parfum.

§ 1er. *Recettes et opérations des vins de liqueur.*

—

MÉTHODES DU MIDI

Quelles que soient les opérations que nous allons
traiter, elles s'appliqueront toutes à une fabrication
d'un hectolitre de liquide.

Vin d'Alicante.

Vin de Bagnols	80 lit.
Alcool à 85 degrés	9 lit.
Sirop de raisin	10 lit.
ou sucre Martinique	7 kil. 500 gr.
Eau	5 lit.

Infusion d'iris, quantité suffisante pour ne pas
dominer.

N'ajouter l'infusion d'iris qu'après avoir bien mélangé les autres substances, et ne le faire qu'avec

beaucoup de modération , ce parfum se développant
beaucoup, étendu dans les liquides.

Vin de Chypre.

Vin muscat très-vieux et peu doux. .	25 lit.
Vin blanc très-sec et bien vineux . .	64 lit.
Esprit à 85 degrés	5 lit.
Infusion de noix verte.	1 lit.
Sucre blanc.	2 kil.
Eau	1 lit.

Infusion de girofle , quantité suffisante pour ne pas
dominer.

Mélanger les différents vins, ajouter l'alcool et
l'infusion de noix vertes, fondre sur le feu le sucre
avec l'eau, et pousser sa cuisson jusqu'à ce qu'il
prenne une couleur d'or des plus prononcées, le
verser dans le mélange, et, après agitation,
ajouter l'infusion de girofle, peu à peu, jusqu'à
satisfaction.

Vin de Grenache.

Vin de Collioure un peu sec	80 lit.
Sirop de raisin	12 lit.

ou sucre Martinique . . . . 8 kil.
Infusion de noix vertes . . . . 1 lit.
Infusion de coques d'amandes amè-
   res. . . . . 1 lit.
Alcool à 85 degrés . . . . 5 lit.
Sucre brûlé, couleur d'or . . . . 500 gr.

Opérer comme ci-dessus.

Vin de Lacrima-Christi.

Vin de Bagnols très-vieux . . . . . . 85 lit.
Gomme kino. . . . . 50 gr.
Infusion de noix vertes . . . . 1 lit.
Sirop de raisin . . . . 6 lit.
ou sucre candi. . . . . 3 kil.
Alcool à 85 degrés . . . . 8 lit.

Fondre le sucre candi dans le vin, dissoudre la
gomme kino dans l'alcool, faire le mélange complet,
et laisser en repos.

Vin de Madère.

Celui qui nous a réussi le mieux comme finesse
de goût est celui-ci :

Vin de Picardan sec. . . . . 60 lit.

Vin de Tavel vieux et bien vineux. . . 25 lit.

Infusion de noix vertes . . . . 2 lit.

Infusion de coques d'amandes amè-

res. . . . . 2 lit.

Sirop de raisin . . . . 3 lit.

ou mieux sucre candi. . . . . 1 kil. 500 gr.

Eau-de-vie distillée à 58 degrés . . . 10 lit.

Fondre le sucre dans une portion du vin, le réunir à la composition et bien mélanger.

Vin de Malaga.

Vin de Bagnols vieux . . . . 80 lit.

Sirop de raisin . . . . 10 lit.

ou sucre Martinique . . . . 8 kil.

Infusion de noix vertes. . . . . 2 lit.

Alcool à 85 degrés . . . . 8 lit.

Infusion de goudron, quantité suffisante pour être inaperçue.

Opérer comme ci-dessus.

Vin muscat de Frontignan.

Vin de Picardan sec . . . . 80 lit.

Sirop de raisin . . . . 8 lit.

ou sucre candi. . . . . 4 kil.

Fleurs sèches de sureau à feuilles de
    persil et de l'année. . . . . 500 gr.
Alcool. . . . . 12 lit.

Fondre le sucre sur le feu avec un peu d'eau, y mettre infuser les fleurs de sureau jusqu'à refroidissement, passer sur une toile ou un tamis, passer ensuite du vin sur les fleurs pour enlever le peu de sucre qu'elles retiennent, et agiter fortement tout le mélange.

Vin muscat de Lunel.

Vin de Picardan doux. . . . . 85 lit.
Sirop de raisin . . . . 6 lit.
ou sucre candi . . . . 3 kil.
Fleurs sèches de sureau, les mêmes
    que ci-dessus. . . . . 600 gr.
Alcool à 85 degrés. . . . . 10 lit.

Opérer comme pour le Frontignan,

Vin de Tokai.

Vin de Bagnols, très-vieux. . . . . 80 litres.
Sirop de raisin. . . . . 10 —
ou sucre candi. . . . . 5 kilog.

Fleurs sèches de sureau de l'année . . . . 300 gram.
Infusion de framboises blanches . . . . . 2 kilog.
— de noix vertes . . . . 1 —
Alcool à 85 . . . . 6 —
Infusion d'iris, quantité suffisante pour être inaperçue.

Opérer comme pour le Frontignan.

Vin de Xérès.

Ajouter aux quantités des substances indiquées pour le madère, de 1 à 2 litres, infusion de framboises blanches.

Vermout de Turin.

La qualité du vermout ne dépend pas, comme on pourrait le penser, de la juste proportion des ingrédients qui servent à le préparer; elle dépend encore, et autant peut-être, de la manière de les employer; c'est une vérité que nous avons acquise par l'expérience et que nous allons démontrer :

Composition.

Chardon bénit . . . . 125 gram.
Pulmonaire . . . . 125 —
Rhubarbe . . . . 25 —

Muscades, ... 15 gram.
Zestes de bigarades. . . . . 5 —
Grande absinthe. . . . . 125 —
Iris râpé. . . . . 10 —
Vin blanc de Piéponi doux ou de Picardan. 100 litres.
Alcool à 85 degrés. . . . . 5 —

Faire infuser pendant huit jours, tirer à clair, coller, soutirer et recoller de nouveau avant de mettre en bouteilles.

Voilà pour le vermout, tel qu'on le fabrique à Montpellier, à Cette et à Lyon, sauf pourtant l'addition ou le remplacement de diverses plantes par d'autres plantes, selon les recettes ou le jugement du fabricant, circonstances qui multiplient à l'infini la qualité du vermout.

Ayant remarqué plusieurs fois chez un fabricant une variété sensible dans la qualité de son vermout, bien qu'il s'observât à n'employer que les mêmes substances et dans les mêmes proportions, nous avons cherché à nous rendre compte de la cause; à l'aide de diverses opérations comparatives, nous sommes arrivé à reconnaître qu'elle était due à l'imperfection du mélange des substances dans le vin.

Aussi sommes-nous arrivé à pouvoir fabriquer, avec assez de régularité, du vermout ayant la qualité d'être, à volonté, plus amer qu'aromatique ou plus aromatique qu'amer, ou combiné de telle sorte, qu'aucun de ces deux principes ne domine l'autre.

Voici comment nous opérons :

Nous mettons infuser à part chacune des plantes aromatiques, et, à part également, toutes celles qui sont amères. Les infusions faites, nous en prenons la valeur d'un verre que nous filtrons si elles sont troubles, et, pour nous fixer sur les quantités à employer de chacune, nous étudions, à titre d'essai, des quantités variées de chacune des infusions aromatiques, de manière à arriver à ce qu'aucun des aromes dont elles sont pourvues ne domine l'autre.

Nous en faisons autant pour chaque infusion amère ; enfin, pour arriver à procurer au vermout tous les goûts d'arome et d'amertume désirés, nous terminons par un dernier essai, celui de proportionner le produit aromatique homogène obtenu, si nous pouvons nous exprimer ainsi, avec celui qui est amer, de manière à ce que, ces deux produits étant réunis, le vermout qui en résulte ne soit ni trop amer ni trop aromatique, ou que l'un domine sur l'autre suivant le besoin.

Nous prenons pour durée des infusions, après leur préparation, cinq jours lorsqu'elles sont disposées dans un endroit chaud, et huit jours lorsqu'elles le sont dans un endroit frais.

Tous les vins blancs sont convenables pour faire du vermout, du moment qu'ils sont doux, bien vineux et de moyen âge.

Quand on a à ne pouvoir employer que des vins secs, on devra les rendre légèrement doux en leur ajoutant du sucre de préférence au sirop de raisin comme étant moins sujet à se tourmenter et meilleur conservateur.

Les vins de liqueurs, quels qu'ils soient, ont besoin de vieillir pour que les principes qui les composent s'unissent et se combinent intimement, ce n'est qu'alors qu'ils ont de la qualité ; on ne doit les coller qu'après en avoir fait le soutirage.

§ 2. *Autres méthodes de faire dès vins de liqueur, dites méthodes de Paris.*

Ici, comme précédemment, nous bornerons nos opérations à un hectolitre de liquide.

Madère.

Vin blanc de bonne qualité	94 litres.
Sucre brut Martinique	3 kilog.
Miel jaune, agréable de goût	3 kilog.
Eau-de-vie à 58 degrés	8 litres.
Fleurs de houblon, suivant sa qualité, de 10 à	25 gram.

Mêler et soutirer au bout de quinze jours.

Malaga.

Vin de Bergerac, vieux	60 litres.
Vin de Collioure, vieux	30 —
Sucre brut	8 kilog.
Raisin de Malaga réduit en pâte	12 kilog.
Alcool à 85 degrés	6 litres.

Bien mêler jusqu'à dissolution du sucre, laisser le vin se faire pendant trois mois; le soutirer et le coller quinze jours avant de le mettre en bouteilles.

Muscat ordinaire.

Vin de Bergerac, doux. . . . .   100 litres.
Fleurs sèches de sureau de l'année. . . .   125 gram.
Graine de coriandre concassée. . . . . . .   125 gram.

Mêler, infuser pendant quinze jours, soutirer et
coller.

Muscat de Lunel.

Vin blanc de Vouvray. . . . .   90 litres.
Sirop de capillaire. . . . .   3 kilog.
Eau distillée de sureau. . . . .   2 —
Eau-de-vie à 58 degrés. . . . .   8 litres.

Mêler, soutirer un mois après et coller. Ce vin est
très-agréable.

Porto.

Vin de Roussillon, vieux. . . . .   70 litres.
Ratafia des quatre fruits, vieux. . . . . .   25 —
Alcool à 85 degrés . . . .   5 —

Mêler exactement et attendre deux mois.

Nota.

Vin de Roussillon. . . . . 80 litres.
Sucre brut. . . . . 2 —
Vin muscat ordinaire. . . . . 12 —
Ratafia de cerises noires . . . . 8 —
Infusion de noix vertes . . . . , . 1 —

Fondre le sucre dans le vin, opérer le mélange général, et le coller.

CHAPITRE XI

De la conservation des Vins en fûts pleins et en fûts en vidange

Tout ce qui tient à l'art de conserver les vins peut se réduire à l'ouillage, au soutirage, au soufrage et au collage.

Par *ouillage*, nous entendons le remplissage des fûts, au moins tous les mois, afin de chasser l'air existant dans le vide du fût, lequel, par sa présence, détériorerait la qualité du vin. Il est en effet bien reconnu que la moindre négligence dans l'ouillage des vins les expose à des altérations auxquelles on peut difficilement remédier.

Par *soutirage*, la séparation du vin, de sa lie ou des impuretés que le repos et une fermentation lente lui ont fait déposer, composées de tartre, de mucilage, de parties colorantes et de ferment qui, par un trop long séjour, enlèveraient, au vin léger plus particulièrement, sa limpidité et sa finesse et occasionneraient par suite sa dégénération.

L'expérience a, d'ailleurs, prouvé que, tant qu'on conserve des vins en tonneaux, on doit les soutirer avant chaque équinoxe, et qu'il doit en être de même toutes les fois qu'il faut les déplacer ; car ils peuvent avoir fait un nouveau dépôt qui, mêlé à la liqueur, altérerait sa limpidité et sa saveur. Il est un fait réel que les vins qui ont été bien soutirés se conservent plus longtemps, sont plus clairs et peuvent supporter le transport plus facilement que ceux qu'on garde sur la lie.

Quant aux vins blancs, on est généralement d'accord sur l'inconvénient de leur soutirage ; ils perdent de leur qualité et se colorent davantage : c'est un effet de l'air atmosphérique. Il suffit, pour s'en convaincre, de déboucher une bouteille : le premier verre sera blanc aujourd'hui, il sera ambré demain ; c'est principalement sur les vins des environs de Bordeaux que nous avons fait cette remarque.

Cette opération du soutirage ne doit s'exécuter que par un temps sec et tempéré, les temps humides et les vents du sud lui étant contraires.

Le soutirage ne suffit pas pour dépouiller les vins de toutes les matières qui peuvent en déterminer l'acescence ou la désorganisation ; on est encore obligé d'avoir recours au soufrage et au collage pour précipiter les substances étrangères qu'ils tiennent en suspension.

CHAPITRE XII

—

Du soufrage des Vins

Soufrer ou mécher les tonneaux et les vins, c'est les imprégner d'une vapeur sulfureuse qu'on obtient communément par la combustion de petites bandes de toile enduites de soufre, qui ont pris dans le commerce le nom de mèches soufrées.

Dans cette opération, le soufre, en brûlant, absorbe l'oxygène de l'air ; c'est donc cette propriété du soufre, mis par la combustion à l'effet de gaz sulfureux, qui produit les effets du soufrage.

Ainsi, le tonneau dans lequel on a brûlé une ou plusieurs mèches, suivant sa capacité, ne contient plus d'oxygène, mais, contenant du gaz sulfureux avec excès, celui-ci s'empare de l'oxygène qui peut être contenu dans le vin, au fur et à mesure qu'on introduit le vin dans le tonneau ; le vin, alors privé d'oxygène, perd pour quelque temps la propriété de fermenter.

Le soufrage décolore légèrement les vins ; ce peut

être un inconvénient pour ceux qui ont peu de couleur, mais c'est un avantage pour ceux qui en sont trop surchargés.

Lorsqu'on soutire des vins vieux bien francs, il suffit de brûler un petit morceau de mèche soufrée dans le tonneau destiné à être rempli; mais lorsqu'il s'agit de soufrer des vins qui ont une tendance ou un commencement de dérangement, on doit mécher plus fortement.

On soufre aussi le vin sans le transvaser; pour cela on en tire une partie, on introduit une mèche par la bonde, et on la fait brûler à la surface du vin; quand le vide est bien rempli de vapeur sulfureuse, on agite le vin pour le faire pénétrer par le gaz; ensuite on remplit le tonneau.

C'est par ce même moyen que l'on parvient à empêcher le vin qui reste longtemps dans un fût en vidange de se déranger; dans cette circonstance, on brûle un morceau de mèche sur le vin en l'introduisant par la bonde, et en ne le retirant que quand le gaz sulfureux, ayant rempli tout le vide du tonneau, s'échappe par la bonde; à ce moment on doit replacer la bonde et fermer hermétiquement le tonneau.

Il est encore un autre moyen de soufrer les vins

dont aucun auteur n'a encore parlé : c'est l'emploi de l'acide sulfureux liquide.

Ce moyen trouve encore son usage pour le soufrage des tonneaux ; là où les mèches soufrées sont sans action, le gaz sulfureux liquide agit immédiatement.

Quand les mèches soufrées sont sans action, c'est lorsqu'en les introduisant dans les tonneaux elles refusent de brûler ; cette circonstance est due à ce que l'air contenu dans le tonneau, se trouvant vicié par la présence d'autres gaz acétique et carbonique, il a perdu la propriété d'entretenir la combustion de la mèche ; alors, pour chasser ces différents gaz, il faut avoir recours à l'un ou à l'autre des deux expédients suivants : mettre le tonneau bonde dessous si l'on peut différer le soufrage de quelques heures ; bonde dessous également et introduire beaucoup d'air dans le tonneau en faisant agir un soufflet par le trou du soutirage si l'on est pressé de faire le soufrage.

CHAPITRE XIII

—

Du collage ou clarification des Vins

Le soutirage et le soufrage des vins séparent bien une partie de ses impuretés et éloignent, par conséquent, quelques-unes des matières qui altèrent sa limpidité, mais il reste encore des parties hétérogènes suspendues dans ce fluide, que l'on ne peut précipiter que par l'opération d'une clarification artificielle ou d'un collage.

L'opération du collage non-seulement dégage le vin des matières qui altèrent sa limpidité, mais il détermine encore la précipitation de celles tenues en dissolution dans le vin, et qui ne se précipiteraient que beaucoup plus tard. Elle débarrasse également le vin des matières qui nuisent le plus à l'agrément de son goût, et elle détruit ou plutôt suspend pour un temps plus ou moins long la fermentation insensible que ces substances y entretiennent. En effet, le vin que l'on tire, après l'avoir bien clarifié à l'aide du collage, présente un caractère nouveau dans

l'odeur et la saveur ; il ne dépose que très-long-
temps après, tandis que celui que l'on tire sans le
coller dépose beaucoup plus tôt et forme une lie
bien plus volumineuse et plus légère.

La clarification étant, par tout ce qui précède,
reconnue comme un moyen puissant pour bonifier et
conserver les vins, nous pensons qu'il est utile de la
faire connaître dans ses différents effets ; cela nous
amènera à apprendre à connaître les différentes
substances clarifiantes ainsi que leurs manières
d'opérer.

La clarification, suivant la nature des substances
employées pour l'opérer, est le résultat d'une action
chimique, puis *mécanique*, ou seulement *mécanique*.

L'action est d'abord chimique, puis mécanique,
toutes les fois que les substances introduites dans le
vin sont susceptibles de se combiner avec une ou
plusieurs de ses parties, ou d'être dénaturées par
son contact avec elles.

L'action est simplement mécanique lorsqu'on introduit dans la liqueur des substances qui y sont insolubles, et qui se précipitent par leur propre poids.
Dans le premier cas, les matières introduites dans le

vin et les parties de ce liquide qui se combinent avec elles éprouvent alors une décomposition et une recomposition qui les rendent insolubles, et leur donnent une densité suffisante pour qu'elles se précipitent au fond du tonneau. Dans le second cas, les matières introduites dans le vin, n'ayant aucune affinité avec les principes qui le constituent, se précipitent naturellement et entraînent avec elles les particules de couleur, de lie et de tartre qu'elles rencontrent sur leur passage.

Parmi les substances qui exercent sur le vin une action d'abord *chimique*, puis *mécanique*, on remarque principalement la colle de poisson, celle de gélatine d'os, l'albumine ou blanc d'œuf, le sang des animaux, la gomme, etc.; mais elles n'opèrent pas de la même manière, et ne se combinent pas avec les mêmes parties.

Les matières qui exercent sur le vin une action *mécanique* sont les *cailloux* calcinés et réduits en poudre, l'*albâtre gypseux*, l'*albâtre calcaire*, les *coquilles d'huître* calcinées, le *papier gris*, etc.

Lorsque c'est la *colle de poisson* qui sert au collage des vins, on la coupe ou on la déchire en petits morceaux, on la fait tremper dans un peu de vin, avec son poids égal d'acide tartarique ; elle se gonfle, se ramollit, forme une masse gluante qu'on divise et qu'on verse sur le vin. On se contente alors d'agiter fortement, après quoi on laisse reposer. La colle, formée en grande partie de gélatine, se combine avec le tannin du vin, et acquiert par cette union une pesanteur suffisante pour se précipiter et former un réseau qui entraîne au fond du vase les parties étrangères qu'il rencontre, les parties colorantes, tartareuses et mucilagineuses qui se sont séparées, ou qui tendent à se séparer du vin ; cinq grammes de colle ainsi préparée suffisent pour coller deux cent cinquante litres de vin ; une plus grande quantité de colle forme beaucoup plus de dépôt, et ne rend pas le vin plus clair.

Si on dissout cinq grammes de colle dans trois quarts de litre de vin blanc, et que l'on complète le litre avec de l'eau-de-vie, la colle se conservera longtemps sans perdre de ses propriétés ; il est indispensable de bien boucher la bouteille et de la tenir bouchée à la cave.

L'*albumine* ou *blanc d'œuf* se combine avec le tannin, mais il est bien plus tôt coagulé par l'alcool ; il forme aussi un réseau sur le vin qui, peu à peu, se précipite et entraîne avec lui tout ce qui lui est superflu. Dans les climats clauds on substitue, nous a-t-on dit, pendant l'hiver, le blanc d'œuf à la colle; cinq ou six suffisent pour cent cinquante litres de vin. On les bat d'abord avec une pincée de sel; on verse ensuite le mélange dans la pièce. Mais ce moyen ne doit pas être employé sans précaution, car pour s'être servi d'un œuf qui avait déjà éprouvé un commencement d'altération, on a souvent dénaturé ou masqué le parfum des vins. Il résulte aussi de nos observations sur les effets de la clarification par les blancs d'œuf, que, si on leur réunit les jaunes, le vin clarifié est davantage dépouillé de sa couleur et devient plus tendre.

Le *sang* est un autre albumine qu'on peut substituer à la colle et aux œufs; une portion se combine avec le tannin et avec les parties colorantes; l'autre est coagulée par l'alcool. Employé dans la proportion d'un cinquième de litre sur deux cent cinquante litres de vin, il procure aux vins fortement chargés en couleur un rouge plus vif et plus flatteur; aux vins moins chargés en nuance une couleur de vin vieux; aux vins déjà vieux celle de pelure d'oignon plus ou moins prononcée; enfin, employé sur des vins blancs passés au jaune, il les décolore et leur rend leur couleur primitive; et si on lui adjoint cent vingt-cinq grammes de noir d'ivoire en poudre, parfaitement épuré, il lui enlève complétement sa couleur en le rendant blanc et clair comme de l'eau filtrée.

Le sang, étant susceptible d'une prompte décomposition, demande à être employé de suite ; pour le conserver, deux moyens se présentent, son mélange par portions égales avec de l'eau-de-vie ou alcool à 58 degrés et sa dessiccation. L'emploi du sang desséché est aujourd'hui en grande faveur pour la clarification ; il fait la base des poudres répandues dans le commerce sous le nom de poudre de Julien, Mège, Beziad et autres ; pour nous, nous n'admettons son emploi que pour les vins des cabarets ou de comptoir, et nous le rejetons pour les vins à mettre en bouteilles, ayant reconnu que les œufs et la colle de poisson leur sont préférables.

Parmi les poudres destinées à la clarification des vins, la *pulvérine* d'Appert est celle qui mérite la préférence, non-seulement par ses grandes propriétés clarifiantes, mais comme étant sans goût et sans odeur.

Employée à la dose de 16 à 20 grammes par

pièce de 230 à 250 litres, elle opère une clarification qu'on pourrait dire instantanée, tant elle est prompte.

A la dose de 32 grammes, elle dépouille le vin d'une partie de ses principes tartareux, en lui procurant plus de moelleux et plus de finesse.

En doublant les doses de *pulvérine*, on procure, non-seulement au vin d'une année toutes les qualités d'un vin vieux, comme saveur et comme couleur, mais on remet, ou rétablit, dans leur premier état, les vins blancs qui ont passé au jaune, les vins fatigués ou malades.

Employée pour les vins de liqueur, elle en opère la clarification d'une manière si parfaite que le vin, au lieu d'être pâteux, acquiert ce moelleux, cette finesse et ce bouquet fin qu'on ne rencontre que dans les vins très-vieux de cette espèce.

Cette poudre blanche, étant sans goût et sans odeur, est assurément préférable aux œufs, qui, parfois, ont un goût de paille et même de pourri, et aux différentes poudres servant au même usage, dont la plupart ne sont qu'un composé de tannerie et de sang de bœuf.

Un autre avantage de la *pulvérine*, c'est que les

lies qui en proviennent sont pures de goût et peuvent se clarifier ; si l'on considère son prix de 4 fr. le demi-kilog. divisé en 16 paquets de 32 grammes, on remarque de plus une économie de 50 à 80 p. 100 sur toutes les autres substances employées au collage des vins.

Nous ne savons pas si M. Appert vend sa *pulvérine* en boîte d'un ou de plusieurs kilog., ni s'il fait une remise ; sa fabrique est située rue des Trois-Bornes, 15, à Paris.

Le *lait* est quelquefois employé pour les vins de cabaret ou de comptoir, mais nous le rejetons pour les vins à mettre en bouteilles, les œufs et la colle de poisson leur étant préférables.

Il est quelquefois employé pour clarifier les vins blancs ; mêlé avec de la crème, il les décolore très-légèrement ; avec à 125 grammes de noir d'ivoire, il décolore les vins blancs qui ont contracté une teinte jaune ; son action sur le vin approche de celle des blancs d'œuf.

On prétend que la *gomme arabique* est employée à la clarification, et que 62 grammes en poudre fine suffisent pour clarifier 400 litres de vin. Nous ne l'avons pas essayé.

La gélatine d'os, dont la parfaite extraction est due à M. Darcet fils, présente de grands avantages, son action est la même que celle de la colle de poisson. Elle se combine principalement avec le tannin, la lie qu'elle produit est plus lourde et moins volumineuse que celle formée par les blancs d'œufs.

Passons maintenant en revue les substances dont l'action est simplement *mécanique*.

Les *cailloux* calcinés et réduits en poudre, à la contenance d'un litre, versés et fouettés dans un tonneau de 240 litres, entraînent, en se précipitant, toutes les impuretés qui obscurcissent la transparence du vin.

Le *sable* a été indiqué comme susceptible de produire le même effet ; mais, ayant remarqué que, sa précipitation étant trop prompte, il n'occasionnait pas une limpidité parfaite, nous n'en conseillons pas l'usage.

L'*albâtre gypseux*, employé à l'état de cristallisation, se précipite dans le vin comme les cailloux ; mais, quand il est calciné, il absorbe une quantité d'eau égale à 0,21 de son poids, et tombe au fond du tonneau à l'état de plâtre cristallisé.

L'*albâtre calcaire* et les *écailles d'huître* calcinées agissent comme la craie, leur emploi ne doit se faire que pour des vins très-verts ou trop acides.

Le papier gris est un excellent clarifiant. En l'employant dans la proportion d'environ 1 kilog., non collé et bien réduit en pâte sur 230 litres de vin, il nous a rendu toute la transparence désirable à un vin qui était toujours resté louche malgré qu'il eût subi différents collages.

CHAPITRE XIV

—

Du gouvernement et de la conservation des Vins

Inutile de dire que les vins en cercles doivent être placés sur chantier à une distance telle que le soutirage au broc ou à la bouteille puisse se faire avec facilité. Une observation est seulement à faire, c'est que les tonneaux doivent être posés bien horizontalement, car, s'ils penchent en avant, la lie se rassemble près du fond antérieur, et l'on est obligé de poser la cannelle très-haut pour que la lie ne sorte pas avec le vin. S'ils sont inclinés en arrière, lorsque, après les avoir vidés jusqu'à la cannelle, on les soulève pour faire couler ce qui reste, cela en fait retarder le soutirage, tandis que dans un tonneau placé horizontalement, la lie se fixe toujours, par son propre poids, au milieu de la cavité intérieure, et tout le vin clair s'écoule sans qu'elle puisse s'y arrêter ; c'est, d'ailleurs, une chose indispensable pour donner plus d'aplomb aux fûts qu'on voudrait gerber dessus.

Les tonneaux ainsi placés demandent à être visités souvent, afin de remédier de suite aux accidents qui peuvent subvenir. C'est surtout pendant le mois qui précède ou celui qui suit les équinoxes que les vins en cercles exigent une plus grande surveillance; à ces époques ils sont sujets à fermenter; les vins nouveaux, et surtout les vins blancs, ont souvent une fermentation très-active; alors le liquide se dilate, il presse fortement contre les parois des tonneaux, et se ferait jour entre les douves, ou en ferait partir un fond si on ne s'empressait de donner de l'issue au gaz acide carbonique qui se dégage de la liqueur, ou plutôt si on ne dégorgeait, à l'aide d'un fosset, quelques litres de vin.

C'est, enfin, à l'époque des équinoxes que les vapeurs qui sortent de la terre attaquent les cercles et les pourrissent quelquefois; ces accidents, qu'on nomme *coup de feu*, sont très-fréquents dans les caves peu profondes lorsqu'elles sont humides.

L'action de ces vapeurs a tant de puissance pour détruire les cercles, qu'on a vu quelquefois toute une rangée se casser à la fois, ce qui occasionne la perte totale du vin.

Il arrive encore d'autres circonstances où le vin se

répand goutte à goutte et se perd dans la terre, cela a lieu quand des cercles se trouvent cassés en dessous, ou qu'il se trouve un ou plusieurs trous de vers dans les douves. On ne saurait trop visiter les caves.

Nous avons déjà fait remarquer l'importance d'entretenir les fûts pleins, et on reconnaîtra cette nécessité si l'on se rappelle que c'est à l'oxygène de l'air contenu dans le vide de la pièce qu'est dû le commencement de l'acescence du vin et de sa détérioration complète. Lorsqu'on néglige de faire le remplissage une fois au moins par mois, non-seulement les vins peuvent s'altérer, mais encore ils éprouvent une perte notable, en ce sens qu'un fût qui perdra un demi-litre le premier mois, en perdra près d'un litre et demi au bout de deux.

CHAPITRE XV

De la mise en bouteilles

L'expérience a prouvé que le vin mis en bouteilles par un temps sec conservera sa limpidité ; qu'au contraire, mis en bouteilles par un temps humide ou par un vent du sud, il se trouble.

Le vin se trouble encore lorsqu'il est mis trop jeune ou trop nouveau en bouteilles, attendu que les principes qui le constituent sont encore sous le pouvoir d'une fermentation insensible, fermentation qui progresse au moment de la pousse de la séve et de la floraison de la vigne.

Il arrive aussi que le vin, quoique arrivé à sa perfection par la combinaison intime des éléments qui le constituent, éprouve quelques changements ; cela vient de ce que le vin a de la vie, qu'il a, comme nous, son temps de croissance et de décroissance, et que, comme nous, sa santé est assujettie aux éléments terrestres et célestes ; de là, qu'au moment de la séve et de la floraison de la vigne, il se trouble, tourne quelquefois au gras, ou dépose une partie de sa gravelle, quelquefois aussi une partie de sa couleur ; qu'en temps de chaleur il s'énerve et laisse échapper son bouquet. Abandonné à lui-même, la nature, qui lui a ôté la santé, la lui rend ; ce n'est que du temps à attendre ; tandis qu'en cherchant à la lui donner nous-mêmes, semblables au médecin que nous faisons appeler pour nous guérir, nous le tuerons le plus souvent.

Pour procéder à la mise en bouteilles, on place un robinet à vis à six centimètres du jable, on l'entr'ouvre pour chasser l'air qu'il contient, on donne un trou d'air avec une vrille, un coup de foret pouvant ébranler la lie, et on exécute le soutirage en bouteilles en entr'ouvrant le robinet de manière à ce qu'il reste continuellement ouvert, c'est-à-dire de façon à ce que l'on ait le temps de boucher une bouteille tandis qu'une autre se remplit.

Pour n'éprouver aucune fuite par le bouchon, il faut les choisir de bonne qualité ; de même que si l'on veut garder longtemps des vins en bouteilles, il convient de les goudronner afin de préserver les bouchons de l'humidité et des insectes, des cloportes principalement, dont le bonheur est de les ronger au point de pénétrer jusqu'au vin.

On trouve le goudron tout préparé chez les marchands de bouteilles et chez les marchands de couleurs ; on en prépare d'excellent en prenant, pour trois cents litres ou bouteilles :

> Poix résine . . . . 1 kilo.
> — de Bourgogne . . . . . . 500 grammes.
> Suif à chandelles . . . . 100 »
> Rouge de Prusse . . . . 125 »

On fait fondre ensemble en remuant.

Il existe beaucoup d'autres moyens de préparer du goudron que nous croyons inutile de citer ; quel que soit celui qu'on emploie, il est souvent utile de lui donner une nuance.

Pour obtenir un beau *rouge*, il faut adjoindre au goudron, lorsqu'il est fondu, du vermillon.

> — un *rouge foncé*, de l'ocre rouge, ou mieux du rouge de Prusse.
> — un beau *noir*, du noir d'ivoire.
> — un beau *jaune*, de l'orpin.

Pour obtenir un beau *vert*, de l'orpin et du bleu
de Prusse.

Enfin, le mélange de différentes couleurs donnera
d'autres nuances plus ou moins foncées, suivant la
quantité que l'on introduira de chacune d'elles.

Deux points essentiels à observer, pour ne pas casser de bouteilles en les goudronnant, c'est de main-
tenir le goudron à une chaleur toujours au-dessous
de celle de l'ébullition, et de ne laisser aucune humidité autour des bouchons des bouteilles.

CHAPITRE XVI.

—

Des altérations du Vin. Moyens de les prévenir et de les corriger.

Presque tous les vins sont sujets à beaucoup d'altérations, qui né sont souvent que des maladies que l'on peut prévenir ou guérir ; les unes sont naturelles et les autres accidentelles.

On considère comme altérations naturelles toutes celles que contractent les vins sans le concours des causes étrangères ; telles sont principalement la *graisse*, l'*aigre*, l'*amertume* et la *dégradation* de la couleur. On nomme altérations accidentelles celles causées par des circonstances étrangères à la nature du vin et à la qualité qu'il doit au cépage, au sol, au climat, comme les *effets* de la *gelée*, l'évent, les *goûts* de *fût*, de *moisi* et d'*œufs gâtés*.

Quelles que soient les altérations et dégénérations du vin, nous sommes autorisé à croire qu'elles sont autant les suites de l'influence des circonstances qui accompagnent et qui suivent la fermentation que du *défaut de proportions respectives des principes constituants*. On comprendra mieux cette assertion en se reportant à la page 279 de notre *Traité de Vinification*, deuxième édition.

Quelles que soient les causes de l'altération du vin, les moyens à employer, lorsqu'elles se sont manifestées, ont besoin d'être modifiés selon l'âge du vin, le genre et l'état de la maladie.

§ Ier. *De la graisse des Vins.*

Lorsque la graisse se manifeste, le vin perd sa fluidité et file comme de l'huile.

On a observé que les vins blancs tournent plus facilement à la graisse, notamment ceux qui n'ont pas complété leur fermentation. Cette dégénération a lieu surtout lorsque la saison a été pluvieuse, les vendanges humides et que le vin a plus de *liqueur* que de *séve*, ou qu'il contient moins de *tartre* et de *tannin*. En général, cette maladie du vin exige peu de remèdes; il est rare que la liqueur ne se rétablisse pas d'elle-même.

Lorsque les circonstances ne permettent pas d'attendre la guérison du vin, on y parvient assez

promptement en lui ajoutant, sur 230 litr., 500 gr.
de tartre en poudre, dissous sur le feu avec autant
de sucre, et battant bien ensuite le mélange, ou simplement 100 grammes ou plus d'acide tartarique,
suivant l'état du vin.

On parvient encore à débarrasser le vin de sa
graisse en employant 30 grammes de tannin pur,
dissous dans un demi-litre d'alcool à 85 degrés, et
fouettant le liquide.

Nous avons enlevé la graisse du vin en lui additionnant quelque peu d'acide sulfurique et le neu-
tralisant, après dégraissage et soutirage du vin, par
son même poids de craie.

Nous avons encore débarrassé le vin de sa graisse
en le faisant passer plusieurs fois dans un tuyau de
fer-blanc descendant jusqu'au fond du tonneau,
fermé à son extrémité et garni sur toutes ses parois
d'une multitude de petits trous.

§ 2. *De l'acescence du vin.*

L'acescence du vin est sa maladie la plus commune.
Elle a principalement lieu sur les vins faits, par la
présence de l'air, qui a la propriété d'acidifier tous

les liquides vineux ; de là la nécessité de mécher l'intérieur des fûts restés en vidange, ainsi que nous avons déjà eu l'occasion de le conseiller, et d'y permettre le moins possible l'introduction de l'air en tirant le vin, chose devenue facile en se servant des fossets hydraulique de Bélicard, inventeur breveté.

Le vin passe à l'acescence parce que la puissance fermentescible existe encore dans ses molécules, et que, ne trouvant plus de partie sucrée à convertir en alcool, elle attaque l'alcool lui-même, ainsi que les autres principes constituants, et les fait tourner à l'acide ; de là l'avantage de soutirer, clarifier et, plus encore, de soufrer les vins, pour paralyser le ferment.

Le vin prend encore de l'aigreur par l'effet de l'inconstance de la température, qui rétablit un mouvement spontané dans ses molécules.

Qu'il soit léger ou bien vineux, il prend de l'acide par le seul contact de l'air ; de là l'avantage de tenir les tonneaux toujours pleins et bien bouchés, et la nécessité de les déposer dans des endroits d'une température invariable et moindre que celle qui établit naturellement une fermentation, tels que des caves profondes.

Le vin s'aigrit quelquefois parce qu'il est déposé

sur des chantiers ou sur un plancher mobile ; recevant souvent un mouvement d'agitation, ses lies se déplacent, se mêlent dans le vin, et y rétablissent un mouvement de fermentation qui altère ses principes.

Il est enfin une autre cause qui donne lieu à l'acescence, c'est l'époque de l'année où la chaleur se renouvelle, c'est celle de la végétation, et le temps où la vigne pousse avec plus de vigueur ; le vin, alors, éprouve un mouvement intestin qui bouleverse sa constitution ; et, si on ne s'empresse pas de diminuer sa disposition à la fermentation par le soutirage, par la clarification ou par le soufrage, il ne tarde pas à s'altérer.

On prévient la dégénération acéteuse en écartant toutes les causes que nous venons d'assigner. On le corrige et on rend les vins plus potables par les moyens suivants :

On ajoute, par pièce de la contenance de deux cent cinquante litres, trente grammes de chaux vive qu'on éteint préalablement avec de l'eau, quantité, d'ailleurs, variable selon le plus ou le moins d'acidité. On agite fortement, on laisse reposer et on tire à clair ; on ajoute ensuite à la quantité du vin soutiré huit ou dix kilogrammes de cassonade ou de sucre, on agite de nouveau, et, après solution complète du sucre, on colle.

Autrement, on soutire le vin dans un tonneau fortement imprégné de soufre, et on le colle en même temps avec six blancs d'œuf et leurs coquilles. Cinq à six jours après, on le soutire encore dans un tonneau plus ou moins soufré, suivant que le vin s'est éclairci et a perdu de son acide ; s'il est clair, il faut le laisser reposer, et il y a lieu d'espérer qu'il se rétablira entièrement. Dans tous les cas, la fermentation est toujours suspendue, et l'acescence ne fera plus de progrès ; si, au contraire, le vin ne s'est pas éclairci et continue à dégénérer, il faut avoir recours au soufrage, qui a la propriété d'occasioner la précipitation d'une grande partie acéteuse dont il dégage la liqueur.

Un moyen bien simple, qui nous a réussi avantageusement pour écouler à la vente des vins aigres, est celui-ci :

On le soutire dans un fût bien méché, et on lui ajoute une quantité égale d'eau, composée ainsi qu'il suit :

Eau, 8 parties 1/2, en mesure.

Eau-de-vie distillée à 58 degrés, 1 partie 1/2.
Sucre, 30 grammes par litre de liquide.

Ou, faute d'eau-de-vie :

Eau, 9 parties.
Alcool distillé à 85 degrés, 1 partie.
Sucre, comme dessus.

Puis on mélange, et après dissolution du sucre on colle.

Voici ce qui se passe dans cette opération :

Nous avons mêlé huit parties et demie d'eau avec une partie et demie d'eau-de-vie, ce qui rend cette eau au même degré de force que les vins ordinaires, et en versant ce mélange avec la même quantité de vin altéré, nous ne faisons qu'ajouter une liqueur ayant la même vinosité ; d'un autre côté, par cette addition, le vin du tonneau perd la moitié de son acidité, le sucre que nous employons, et dont la quantité peut s'augmenter suivant le plus d'acidité du vin, donne à l'acide qui est encore en surabondance un moelleux agréable, au lieu d'être sur. Il y a donc non-seulement un avantage réel pour la qualité du vin en employant ce procédé, mais encore un plus grand bénéfice.

Il existe encore d'autres moyens, mais que nous n'avons pas expérimentés, tels que l'emploi d'un cinquantième de lait, celui de l'acide sulfurique à la dose de 30 grammes par pièce, celui des noix sèches à raison de 2, bien brûlées, et jetées tout enflammées dans chaque litre de vin, etc.

D'autres moyens, enfin, que nous avons essayés, mais que nous sommes éloigné d'approuver, consistent dans l'emploi de la soude, de la potasse, de la craie, du blanc de Meudon et du marbre en poudre.

Nous n'approuvons pas leur emploi, parce que leur effet sur le vin est le même pour chacune de ces substances, qu'en même temps qu'elles s'emparent de l'acide produit par l'acescence du vin, elles s'emparent aussi de l'acide qui lui est propre; que les vins ainsi traités s'éclaircissent difficilement, même étant collés, qu'ils ont une saveur étrange, et que la nuance du vin, au lieu d'être d'un rouge vif, est d'un rouge fauve ou incertain.

§ 3. *De quelques autres altérations naturelles.*

Les vins contractent encore avec le temps une imperfection qu'on appelle *amertume* ; ceux de Bourgogne y sont très-sujets. Jusqu'à ce jour, l'amertume a été considérée comme une suite naturelle du travail du vin ; elle s'annonce toujours par un dérangement dans la couleur ; en additionnant à une pièce 125 grammes, quelquefois plus, suivant le degré d'amertume, d'acide tartarique, et 25 à 30 grammes de tannin, on arrête souvent les progrès de l'amertume ; et si, huit à dix jours après, on le soutire dans un fût méché, et qu'on le colle en y ajoutant 200 grammes de noir végétal bien lavé, on le rétablit dans son premier état.

L'altération de la couleur est chez quelques vins, et particulièrement chez les rouges, qui sont les plus colorés, un indice de leur vieillesse ; mais, lorsqu'elle est due à d'autres causes, elle est alors une maladie. Dans ce cas, les vins rouges deviennent troubles et noirâtres, et les blancs prennent une teinte jaune.

On rétablit les vins rouges en les mêlant avec des

vins plus jeunes, ou en leur additionnant un peu
d'acide tartarique.

Le vin blanc qui jaunit sur sa lie peut être ré-
tabli en le brouillant avec sa lie, le collant immédiatement et le soutirant dans un fût mèché ; lorsqu'au contraire il jaunit après soutirage, les meilleurs moyens à employer sont ceux que nous avons
indiqués aux pages 57, 99 et 102.

On voit encore des vins laisser à leur surface des
molécules blanches et légères ayant entre elles très-
peu d'agrégation, appelées communément fleurs ; ce
phénomène n'a ordinairement lieu que sur les vins
légers dont les fûts sont en vidange, mais principalement sur ceux qui ont été allongés d'une extrême
quantité d'eau. Il y a lieu de penser qu'il n'est dû
qu'à la présence de l'air, ou plutôt de son oxygène ;
et, ce qui semble le prouver, c'est que dans un fût qui
est exactement plein, la création des fleurs n'a pas lieu.
Un autre exemple qui nous paraît concluant, c'est
que, de deux bouteilles tirées en même temps au même
tonneau, tenez-en une couchée et l'autre debout, le
vin de celle tenue couchée ne se dérangera pas,
tandis que celui de la bouteille tenue droite prendra
des fleurs, et, avec le temps, de l'acidité.

Pour enlever les fleurs du vin en bouteille, il suffit d'en ôter le bouchon, de les remplir et de souffler dessus. En remplissant de même les tonneaux, on enlève la plus grande partie des fleurs ; mais, pour en priver entièrement le vin, il faut faire suivre à ce moyen le soutirage du vin dans un fût bien méché et le coller.

Les vins qui, par vieillesse ou par suite d'un trop long contact avec l'air ambiant (celui qui nous environne), ont perdu de leur spiritueux, prennent un goût d'évent et par suite d'un goût de pourri. Si ce goût est fortement prononcé, il n'y a pas à espérer de les rendre jamais potables ; mais si l'on s'y prend à temps, on parvient à arrêter les progrès de la décomposition en soufrant et soutirant, et en ajoutant un ou plusieurs litres d'alcool et environ 500 grammes de bonne huile.

Enfin, les vins que l'on garde trop longtemps en tonneaux, et qui sont arrivés à leur plus haut degré de maturité sans avoir été mis en bouteilles, prennent ordinairement un goût de vieux particulier, auxquels vins on donne le nom de vin qui *vieillarde*, et, lorsque ce goût est davantage prononcé, de vin *passé*. Il n'y a pas d'autres moyens pour rappeler ces sortes

de vins à la vie que de les couper avec un vin plus
jeune et de bonne qualité, dans une proportion telle
que ce mauvais goût disparaisse, ou de les rafraî-
chir par l'addition d'acide tartrique.

CHAPITRE XVII.

—

Des altérations accidentelles.

Nous avons dit que nous regardions comme tels les effets de la *chaleur* et de la *gelée*, l'*évent*, les goûts de *fût*, de *moisi* et *d'œufs gâtés*.

Lorsqu'un vin est frappé de chaleur, il en résulte une fermentation tellement tumultueuse, qu'il faut de suite en tirer quelques bouteilles et donner de l'air en débondonnant, autrement des cercles peuvent se casser, un fond peut s'échapper. Ce mouvement trouble la limpidité, altère la couleur et laisse au vin un goût d'échauffé désagréable.

Le soufrage n'est pas le seul moyen à employer pour pouvoir conserver les vins dans toutes leurs qualités jusqu'à la dernière goutte; on y parvient encore en le couvrant d'une couche d'huile. Une bouteille suffit pour une pièce ordinaire ; l'huile ainsi répandue en couche légère sur la surface du vin empêche l'évaporation des parties alcooliques, en même temps qu'elle empêche l'approche de l'oxygène de l'air atmosphérique, cause de toutes les altérations qu'éprouvent les vins contenus dans les fûts en vidanges.

Ce moyen s'emploie avec le même avantage pour les fûts pleins et les foudres, quelle que soit leur grandeur ; mais il faut, pour l'appliquer avec succès, attendre que les vins aient reçu deux soutirages.

Lorsqu'on est à finition d'un fût, ou qu'on approche du moment de son levage, afin d'avoir toute l'huile sans mélange, on reçoit le liquide restant dans le fût ou dans le foudre dans un vase étroit par le bas, ayant un robinet à sa base.

On emploie plusieurs moyens pour remédier à cet accident ; les uns introduisent de la glace dans le tonneau et l'arrosent fréquemment d'eau fraîche ; d'autres déplacent le vin pour le mettre dans un endroit plus frais ; ce qui nous a réussi efficacement, c'est un double soutirage et collage dans des fûts fortement mèchés.

Lorsque la gelée s'est fait sentir au point de geler le vin dans les tonneaux, le moyen le plus simple est de soutirer ce qui est liquide. La partie aqueuse étant la seule qui se congèle, à moins d'un froid excessif, ce que l'on perd en quantité par ce procédé

on le gagne bien au delà par la qualité spiritueuse.
Si on laisse dégeler le vin, la couleur se louche et
s'affaiblit. Il faut alors soutirer le vin dans un tonneau fortement soufré, lui ajouter un peu d'acide
tartrique pour raviver la couleur, et ajouter un ou
deux pour cent d'alcool pour le rehausser en vinosité.

Les goûts de fût et de moisi sont dus au mauvais
état des tonneaux ; celui d'œuf gâté provient du peu
de fraîcheur de ceux qu'on a employés pour le collage. Ces goûts sont difficiles à détruire, pour ne pas
dire impossibles, et l'on doit se garder de mélanger
ces vins, même à très-petites doses, avec d'autres,
auxquels ils communiqueraient infailliblement leur
mauvais goût.

On a conseillé, pour corriger les vins ainsi viciés,
de commencer par les soutirer dans un fût imprégné de vapeur sulfureuse. On brûle ensuite, comme
du café, 750 grammes de froment pour une pièce ;
on enferme ce froment dans un fourreau de toile, et
on le fait entrer brûlant par la bonde, que l'on bouche parfaitement, en ayant attention de laisser res-
sortir par cet endroit la ficelle à laquelle est noué
le sac, afin de pouvoir le retirer, ce qu'il faut faire

vingt-quatre heures après ; on verse dans un autre fût environ vingt-cinq litres de lie fraîche, et l'on soutire dessus le vin qu'on veut rétablir ; après un repos convenable, on soutire et l'on colle.

De notre côté, nous avons rendu des vins viciés réellement potables en les soutirant et en jetant dedans, à différents intervalles, des charbons bien allumés, puis le soutirant le lendemain dans un fût mèché, et fouettant dedans 500 grammes de bonne huile. C'est seulement après huit à quinze jours de repos qu'on peut essayer de les mélanger avec d'autres vins francs de goût.

Nous ferons remarquer, en terminant, que les moyens généralement employés pour remédier aux légers accidents du vin consistent dans le soutirage, le soufrage, le collage et le mélange avec d'autres vins qui jouissent des qualités que le vin altéré a perdues, mais que dans les accidents graves ou de dérangement complet, il faut avoir recours aux moyens que nous avons énoncés.

Quant aux proportions du mélange, on doit concevoir que nous ne pouvons les préciser, étant naturellement subordonnées au degré du rétablissement de la qualité du vin, à la durée qu'on lui réserve, et

au goût de celui qui le fait. Pour l'opérer plus sûre-
ment, on peut essayer le mélange dans une bouteille
qu'on laissera reposer vingt-quatre heures, et on
sera à même d'augmenter ou de diminuer les proportions.

CHAPITRE XVIII.

—

Conservation et disposition des tonneaux pour les soutirages.

Le vin ayant la propriété d'absorber promptement les émanations des corps qui l'environnent, on ne saurait trop apporter de soins pour empêcher les fûts vides de contracter des goûts étrangers.

Le moyen employé jusqu'à ce jour pour préserver les tonneaux de toute altération est celui de leur soufrage; voyons à quel moment il faut les soufrer.

Une mèche soufrée maintient sa combustion dans un fût qui était plein et qu'on vient de vider ou qui l'a été il y a peu de jours; au contraire, elle s'éteint dans le même fût dont on a trop différé le soufrage; ces deux faits indiquent qu'il faut mècher les fûts aussitôt qu'ils sont vides.

Tout fût qui refuse la mèche doit être considéré comme impropre au remplissage, car il procurerait, tôt ou tard, de l'altération au vin, à moins de le purifier par un lavage à la chaux éteinte suivi d'un rinçage à l'eau pure et du soufrage. On pourra exécuter le soufrage, ainsi que nous l'avons déjà expliqué, en mettant le tonneau bonde dessous, et en y insufflant de l'air à l'aide d'un soufflet introduit dans le trou de soutirage, ou simplement en le tenant la bonde dessous pendant dix à douze heures ; ajoutons que le soufrage doit se faire plus fortement que pour un fût qui prend mèche naturellement, et qu'on doit de plus ne remplir le fût ainsi soufré que vingt-quatre heures après, afin de donner le temps aux vapeurs sulfureuses de pénétrer et de neutraliser les parties acidifiées contenues dans les pores du bois.

Il arrive des cas où, malgré le soufrage, les fûts prennent, avec le temps, des odeurs étrangères, appelées, improprement, goût de *fût*, goût de *moisi*, ou bien mauvais goût. Dans ces circonstances, l'habitude est de défoncer les tonneaux pour brosser et quelquefois gratter soit des taches, soit de la mousse desséchée, soit une espèce de barbe soyeuse, qui y sont adhéré, opération qu'on fait suivre d'un lavage à l'acide sulfurique étendu d'eau, ou simplement d'eau et de la chaux éteinte ; mais, pour nous, tous ces moyens ne sont que des palliatifs nécessaires à rendre les tonneaux tout au plus convenables à contenir des vins dont la consommation aura lieu dans l'espace d'un mois, mais jamais pour des vins à expédier au loin ou à conserver.

Un fût est-il neuf, on doit, avant de s'en servir, y verser 250 grammes, ou plus, de sel de cuisine et 10 à 12 litres d'eau bouillante, fermer le tonneau et l'agiter de temps en temps en tout sens; quelques jours après, l'eau, étant saturée d'une partie des principes extractifs et solubles du bois, sort du tonneau d'une couleur brune très-foncée; on la remplace par de l'eau propre, une ou deux fois, pour rincer le fût, et on le mèche ensuite.

Différemment encore, et ce qui est mieux, c'est, après le lavage, de laisser séjourner, pendant au moins vingt-quatre heures, 8 à 10 litres d'eau bouillante et des fleurs de pêcher; voilà pour les fûts neufs dont l'emploi spécial est pour enfûter les vins nouveaux.

Les vins vieux se mettent toujours, lorsqu'on les soutire, dans des tonneaux avinés, par conséquent dans des tonneaux d'une ou de plusieurs années de service, parce qu'ils maintiennent mieux leur qualité. Ajoutons que, soutirés dans des fûts ayant contenu de l'eau-de-vie, ils s'améliorent singulièrement.

Le rinçage des fûts se fait assez généralement avec une ou plusieurs eaux ; ce moyen est imparfait, attendu que l'eau n'enlève que les lies ou les impuretés flottantes, et non celles qui, plus solides, restent attachées aux parois des douves ; on doit, pour un bon rinçage, toujours se servir d'une chaîne en fer.

FIN.

8

TABLE DES MATIÈRES

—

Pages

DES VINS DE TEINTE.

CHAPITRE VII.

CHAPITRE VIII.

CHAPITRE IX.

CHAPITRE XIV.

CHAPITRE XV.

CHAPITRE XVI.

Paris. — Typ. Morris et Comp., rue Amelot, 64.